Más cerca de Dios

Más cerca de Dios

No pelees más contra la oscuridad enciende al que es la Luz…

No sigas expulsando al mal, deja que el Bien entre…

EDUARDO VILLEGAS

Número de Control de la Biblioteca del Congreso de EE. UU.:   2014912664
ISBN: Tapa Dura   978-1-4633-8878-2
                 Tapa Blanda   978-1-4633-8877-5
                 Libro Electrónico   978-1-4633-8876-8

Este libro fue impreso en los Estados Unidos de América.

Fecha de revisión: 16/07/2014

Para realizar pedidos de este libro, contacte con:
Palibrio LLC
1663 Liberty Drive
Suite 200
Bloomington, IN 47403
Gratis desde EE. UU. al 877.407.5847
Gratis desde México al 01.800.288.2243
Gratis desde España al 900.866.949
Desde otro país al +1.812.671.9757
Fax: 01.812.355.1576
ventas@palibrio.com
649864

ÍNDICE

INTRODUCCIÓN

"Los cielos cuentan la gloria de Dios, Y el firmamento anuncia la obra de sus manos."

Salmos 19:1

Cada noche antes de irme a dormir, me gusta contemplar el cielo desde el jardín de mi casa. Me agrada irme a la cama con esa sensación de la grandeza de Dios, de la trascendencia de la vida y no con la mente llena de mis pequeñas preocupaciones. Cuando pienso en las distancias que nos separan de los planetas, de las estrellas y otras galaxias, no puedo menos que maravillarme de la obra de Dios. ¡Qué hermoso que lo que vemos hoy en el cielo sea lo mismo que veía David hace unos tres mil años! y que podamos concluir con él que "los cielos cuentan," es decir hablan de Su gloria, reflejan Su grandeza y nos hacen imaginar Su esplendor, Su magnificencia. La pregunta es simple: si así es la creación, ¿cómo será el Creador? Y el verso luego añade que el "firmamento anuncia," es decir proclama, declara la obra, la creación de Sus manos. La obra de Dios tiene claramente impresa Su huella, no hay que ser un genio para percibir que Dios está detrás de cada detalle de Su infinita creación.

Hoy, mientras comienzas un nuevo día o vas corriendo de una actividad a otra, de una cita a la siguiente, en medio de tus tareas o del tráfico, recuerda que existe un Dios tan poderoso que creó los cielos y al firmamento para que tú pienses en Él, y que te ama tanto que entregó a Su hijo amado para darte vida en abundancia; bienestar, libertad y plenitud. No dejes que las pequeñas trampas diarias te distraigan. No te dejes arrollar por el estrés y la preocupación. Mantén tu mente enfocada en Su grandeza y verás que en tu cónyuge, en tus hijos, en tu mesa y en tu trabajo, o en una pieza musical; en la lluvia, en la brisa, en una sonrisa o un abrazo; en los pequeños milagros que algunos llaman coincidencias y sí, también en tu espejo, Dios se te está revelando. No lo ignores. A pesar del ruido y de la algarabía, está atento porque los cielos cuentan de Él y el firmamento lo anuncia. No dejes que lo pequeño te distraiga de lo relevante ni que lo importante se oculte detrás de lo banal.

Hoy día, más que nunca, urge y es necesario que aprendamos a ver más adentro, a observar más profundamente, a percatarnos de los gigantescos y hermosos detalles que tenemos en frente pero que nuestra mente, desatenta y distraída (quizás debería decir desentrenada), se ha acostumbrado a ignorar.

> *"Porque las cosas invisibles de él, su eterno poder y deidad, se hacen claramente visibles desde la creación del mundo, siendo entendidas por medio de las cosas hechas, de modo que no tienen excusa."*

Romanos 1:20

La Biblia es un libro inspirado por el Espíritu Santo y contiene la Palabra que es el Verbo: Cristo. Es un libro completamente sobrenatural e inagotable, que contiene el poder de cambiar nuestras vidas mucho más allá de la suma de todos los buenos libros alguna vez escritos. En lo personal he aprendido que cuando un versículo bíblico o aún un trozo de él, penetra y toca las fibras más íntimas de mi ser interior, mi mente permanece meditando en esa Palabra sin esfuerzo alguno durante horas y a veces días. Durante este proceso, puedo captar como esa Palabra toca aspectos profundos de mi vida y transforma mi forma de pensar, de vivir, comportarme y de ver al mundo. Es emocionante percibir en nuestro interior el efecto renovador y sanador de la Palabra; ser desatados por la fuerza del Espíritu Santo y sentir como somos restaurados mientras se desploman las fortalezas en nuestra mente, volviéndonos más centrados en Dios y obteniendo una perspectiva más amplia; menos críticos y más compasivos, menos rígidos y más felices, flexibles, completos, sabios; con un sentido profundo de pertenencia y misión de vida. En ese proceso descubro más de la voluntad de Dios para mí, entendiendo muchas veces las razones por las cuales paso por ciertas circunstancias y retos, obteniendo así un poco más de luz sobre el cuadro completo que Dios me tiene preparado. Así puedo abrir mi mente y comenzar a vivir **Más Cerca de Dios**.

Más Cerca de Dios contiene setenta y cinco reflexiones bíblicas diarias que te ayudarán a acercarte y mantenerte conectado a la única Fuente de vida y de bien. Estas meditaciones en Su Palabra te ayudarán a permanecer enfocado en lo Superior en medio de tu diario vivir.

Dedicado a todo aquel que tiene hambre espiritual y por lo tanto:

- no consigue respuestas ni satisfacción en las religiones
- entiende que no puede llegar al Cielo por su propio discernimiento sino que requiere de la ayuda de Aquel que descendió del Cielo (Juan 3:13)
- quiere conocer más al Padre . . .

Con profundo agradecimiento:

- Al Espíritu Santo que lo hizo todo
- A mi familia que me inspira todo
- A mis lectores, la razón de todo

PRÓLOGO

En una oportunidad Jesús dijo: *"Nadie subió al cielo, sino el que descendió del cielo; el Hijo del Hombre, que está en el cielo."*[1] Jesús se llama a Sí mismo el Hijo del Hombre para confirmar que, aunque nació sin pecado, se hizo completamente humano. Por eso, cuando se le presenta a Tomás el incrédulo, le dice: "Mirad mis manos y mis pies, que yo mismo soy; palpad, y ved; porque un espíritu no tiene carne ni huesos, como veis que yo tengo."[2] Sin embargo, aunque estaba hablándole a Sus discípulos en la tierra de Israel, les dice (en tiempo presente) que Él "está en el cielo." Pero entonces, ¿estaba en el cielo o en la tierra?

En otro momento el Maestro le dijo a Pedro que todo lo que atare en la tierra sería atado en los cielos, y todo lo que desatare en la tierra sería desatado en los cielos.[3] A lo largo de toda la Biblia es clara la interrelación entre el mundo espiritual invisible y el mundo natural visible. Aunque nuestros ojos no puedan palparlo, cada acción, cada decisión y cada acontecimiento en lo terrenal, genera un impacto, una consecuencia, una reacción en lo espiritual. Pablo afirma que "andamos por fe, no

---

[1]   Juan 3:13
[2]   Lucas 24:39
[3]   Mateo 16:19

por vista",[4] "no mirando nosotros las cosas que se ven, sino las que no se ven; pues las cosas que se ven son temporales, pero las que no se ven son eternas."[5] El mundo invisible es más real que el que podemos palpar pero desafortunadamente este último capta la mayor parte de (si no toda) nuestra atención.

Pero Jesús, teniendo Sus ojos espirituales completamente abiertos vivía paralelamente en ambos mundos aunque ciertamente le daba prioridad al espiritual. Yo creo que esa fue una de Sus claves para poder culminar toda Su obra con tan solo unos treinta y tres años. Por eso también cuando enseñó a Sus discípulos a orar, parte de la oración dice "venga Tu reino" y también "Hágase tu voluntad, como en el cielo, así también en la tierra,"[6] de modo que hay un reino en lo espiritual que debemos pedir que venga a la tierra o a lo terrenal, a nuestras vidas, a nuestro día a día. No podemos seguir viviendo desconectados de Dios, enfocados solamente en lo que vemos. Es como vivir frente al mar y vivir en la superficie, y jamás bucear.

Es importante que aprendamos a vivir en ambos reinos a la vez. Que durante nuestra agitada agenda mantengamos la perspectiva espiritual activada de modo que veamos cada circunstancia dentro de su dimensión real. Pero no se trata de crear nuestro propio reino a través de la concentración o la meditación, procurando nuestro propio "jardín" mental para refugiarnos. Debes saber que al igual que en la

---

[4]   2 Corintios 5:7
[5]   2 Corintios 4:18
[6]   Mateo 6:10

tierra, existe el bien y el mal en el mundo espiritual de modo que no debes aventurarte en él sin Jesús. Tampoco se trata de mantenernos positivos a través de repetir fórmulas de optimismo memorizadas. De lo que se trata es de estar atentos al Reino de Dios, a los Cielos mientras caminamos, a diario, por esta tierra. Ese es el objetivo de este trabajo. Un devocional diario que está accesible a ti para que en medio de los ajetreos, el estrés y la aparente inestabilidad en que vivimos, puedas también estar "Más Cerca de Dios."

Padre, perdóname cuando me invento quien eres en vez de pasar tiempo contigo para conocerte . . .
Para conocer más de ti necesito estar <u>más cerca de ti</u>.

¡Transfórmame por medio de la renovación de mi entendimiento!
Romanos 12:2

ADVERTENCIA:

Este libro no pretende en manera alguna sustituir a la lectura diaria de la Biblia que es la Palabra de Dios y el Pan diario de todo creyente verdadero. Este trabajo es tan solo una manera, entre muchas otras existentes, de animarte a iniciar una relación con el Espíritu Santo de Dios y que de esa forma puedas vivir "Más Cerca de Dios."

Todas las citas bíblicas fueron tomadas de la Versión Reina—Valera de 1960.

Todos los énfasis y subrayados a dichas citas bíblicas fueron agregados por el autor.

SUGERENCIAS PARA LEER ESTE LIBRO:

- *procura leer solo el tema del día, es mejor no adelantarte*
- *Escoge el lugar más accesible para este libro, quizás sea tu mesa de noche, un asiento en tu auto o dentro de tu bolso o maletín*
- *Declara con tu boca el título del tema del día, en el encabezado de la página*
- *Revisa tu lectura tantas veces como te sea posible pero al menos por la mañana y de nuevo al final del día, idealmente antes de acostarte. Recuerda que solo necesitas un minuto cada vez*
- *Toma algunos instantes para ordenar tus pensamientos respecto a la lectura del día. Eso ayudará a que tu pensamiento persevere en la idea meditada. Si te es posible, escribe en un cuaderno tus reflexiones sobre ese día y tres palabras claves que te atraigan del versículo.*

También compartir tu lectura con algún ser querido o amigo es una buena idea

- *Si algún tema te "toca" de una manera particular, no dudes en continuar leyendo esa misma página durante el siguiente o más días. Mientras percibas que Dios te está hablando a través de algún verso, sigue leyéndolo, y pasa al siguiente solo cuando sientas que ya has "exprimido" el anterior*

Comencemos . . .

Día 1: Hoy levanto mi alma a Ti Señor

"A ti, oh Jehová, levantaré mi alma."

Salmos 25:1

Cuando Dios "formó al hombre del polvo de la tierra, y sopló en su nariz aliento de vida," (Génesis 2:7a), Adán fue hecho "alma viviente" (1 Corintios 5:45a). El alma (del griego psique) es lo que conecta al cuerpo con el espíritu en nosotros, y es el lugar donde habitan nuestros pensamientos, sentimientos y emociones, ya sean positivos o negativos, conscientes o inconscientes. Ella guía nuestro comportamiento y es en ella donde libramos nuestras mayores batallas porque en ella decidimos si vivimos para el espíritu o para nuestra carne (ego). David, el Salmista, era un hombre lleno de sueños y planes, retos y pasiones, en medio de grandes amenazas y dificultades, como tú y yo, pero siempre tenía éxito porque conocía un gran secreto: cada día "levantaba su alma a Dios."

Cada día actuamos en base a nuestra alma: Reaccionamos a una sonrisa, una mirada despectiva o a un rumor malicioso según el estado de ella. Tomamos decisiones de acuerdo a los paradigmas en ella grabados y no podemos visualizar sueños mayores a los que en ella caben. Incluso ante la misma circunstancia podemos avanzar confiados o huir aterrados, de acuerdo a la fe germinada dentro de ella. El alma contiene nuestros temores y nuestro potencial, nuestras heridas junto a sus cicatrices, nuestra dependencia junto con nuestra libertad, nuestros errores con su restauración. Nosotros decidimos si enfocamos nuestra alma en el polvo del que fuimos formados o en el Espíritu que nos dio la vida. Toma por favor un minuto ahora, inclínate al suelo y recoge toda tu vergüenza y tristeza, tus miedos y ansiedades, las traiciones y esa antigua dependencia que te hace querer controlarlo todo, y levántaselas a Dios. Verás cómo, al llegar arriba, se disuelven como neblina. Agáchate y simbólicamente recoge los pedazos de cada uno de tus sueños, pégalos con las lágrimas que cada uno aún tiene, y levántaselos a Aquel que los puso en tu corazón. Verás que sí son posibles, solo en ti, únicamente a través de ti . . . Levanta tus brazos ensanchando tu alma, y entrégasela al Padre, sin disfraces, sin pretensiones, sin maquillaje. Desnúdale tu preciosa vulnerabilidad y verás como Él te hace fuerte. Cada día, al abrir tus ojos, levanta a Dios tu alma; en cada pausa, cada vez que puedas, levanta tu alma y ponla en las manos de Aquel que te creó y se entregó para que tú seas libre.

"Hazme saber el camino por donde ande, Porque a ti he elevado mi alma."

Salmos 143:8b

Oración: Santo Padre. Yo reconozco hoy mi vulnerabilidad. Yo me presento ante Ti sin disfraces, tal y como Tú me creaste. Levanto mi alma para aceptar Tu inspiración, Tus sueños y Tu guía. Hoy me enfoco en Ti y recibo Tu amor. Gracias Abba.

Día 2: Hoy recuerdo que me amas

"y descendió el Espíritu Santo sobre él en forma corporal, como paloma, y vino una voz del cielo que decía: Tú eres mi Hijo amado; en ti tengo complacencia."

Lucas 3:22

Jesús estaba siendo bautizado cuando el Padre le declaró estas poderosas palabras recordándole quien Es. Por eso comienza diciéndole: "Tú eres." No le dice: "tú tienes" ni tampoco: "tú haces." Es más, ni siquiera lo llama por Su título de Mesías o Redentor sencillamente porque el Padre no le estaba diciendo quien es Jesús para el mundo, lo que debe lograr ni cuán grande es Su misión. Abba (Papi) le estaba declarando quién es Jesús para Él. "Mi Hijo." Eres mío. Tú eres mi Hijo y además "eres amado." Y añade: "en ti tengo complacencia." La traducción del original en griego para la palabra complacencia es "deleite, que causa alegría, satisfacción, que place." El amor del Padre por el Hijo era exactamente el mismo antes y después del sacrificio de Jesús en la Cruz. Ese amor infinito no estaba condicionado a las circunstancias sino que estaba por encima de todo. Creo que para los que tenemos hijos puede ser más fácil entender este amor. A veces silenciosamente observo a cualquiera de mis hijos cuando estudian, juegan o aún duermen, y la "complacencia" simplemente no me cabe en el pecho.

No por casualidad eligió el Padre este momento para recordarle Su identidad a Jesús. De allí, iría directamente al desierto, a confrontar a satanás durante cuarenta días mientras ayunaba de comida y bebida. ¿Por donde vendrían los ataques? Por Su identidad, como siempre (debemos recordar que el diablo no es creativo). Por eso le tienta diciéndole: "si eres Hijo de Dios," tratando de definir como Jesús debía actuar. Pero el Padre lo anima en el momento exacto en el que iniciaba Su Ministerio. ¡Qué buen Padre tenemos en los Cielos! Una cosa era vivir con Sus padres en la carpintería y otra vencer al maligno y a la muerte. Este mundo jamás se lo perdonaría. ¿Cómo podría despojarse de toda Su realeza y mantenerse absolutamente humilde hasta la agonía de la peor de las muertes? Solo sabiendo con certeza quien Es y teniendo un amor infinito por ti y por mí. Ahora bien, si Jesucristo necesitó escuchar estas palabras del Padre para mantenerse centrado en Su misión, ¿no crees que tú y yo también? Se me humedecen los ojos solo de imaginarme que mi papá pudiera decírmelas pero Dios lo hace, no por nada que haya logrado, no por mi buena conducta, sino por lo que soy para Él: Su hijo amado en quién tiene complacencia, cómo tú . . .

"Nosotros le amamos a él, porque él nos amó primero."
1 Juan 4:19

Oración: Gracias por Tu amor Papá. Es increíble que siendo el Alto y el Sublime tengas la humildad de amarme tanto. Yo hoy recibo Tu amor, hoy creo y confieso que soy Tu hijo amado en quien tienes complacencia.

Día 3: Hoy sé que también yo Te Amo

"y descendió el Espíritu Santo sobre él en forma corporal, como paloma, y vino una voz del cielo que decía: Tú eres mi Hijo amado; en ti tengo complacencia."

Lucas 3:22

Pablo afirma que somos coherederos con Cristo (Efesios 3:6), lo que quiere decir que Jesús comparte la herencia del Padre con nosotros. Pero para eso debes entender quién eres, no según tu conducta sino según la Gracia de Dios. Urge que comprendas que el amor de Dios no es algo que te ganas con tu moral o buen desempeño sino más bien un precioso regalo que Él te entregó desde antes de la fundación del mundo (Efesios 1:4) y que hace dos mil años, te demostró. ¿Empezaste a amar a tu bebita cuando empezó a hablar o a caminar? Por supuesto que no, la amabas desde que estaba en el vientre de tu mujer. Dios es Padre también. Él entregó a Jesús en una cruz veinte siglos antes de que tú nacieras únicamente por amor a ti y a mí, para que no sufriéramos bajo el yugo de la esclavitud. ¿Por qué pagas una costosa medicina cuando tu hijo está enfermo? Porque valoras más su salud que tu dinero. ¿Por qué el Padre enviaría a Su Hijo amado a morir por nosotros? Porque nos valoró más, y no había otra opción. No resistió la idea de dejarnos en tinieblas y escogió el sacrificio así que recíbelo: Dios te ama. Déjalo revelarse a ti. Esa es la verdad, por lo que puedes decirle: "Yo soy tu hijo amado en quien tienes complacencia."

Ahora bien, ¿quién posee a quién? ¿El padre al hijo o viceversa? La así llamada Oración Dominical comienza declarando "Padre nuestro" así que, Él también nos pertenece. Yo hablo de "mis" hijos pero ellos hablan de "su" papi. ¿No es hermoso? Aunque los padres aman a sus hijos antes, estos, al conocerlos y crecer juntos, comienzan a amarlos también. Con el tiempo pasan del "te amo porque te necesito" al "te necesito porque te amo," de modo que nosotros también podemos invertir esta oración, cambiar el foco de nosotros a Él y decirle: "Tú eres mi Padre amado en quien tengo complacencia," porque Él también es tuyo. Tú eres dueño de una fracción de Dios, pero una fracción de Él es infinita. Urge que pases tiempo con Dios para que te convenzas de quien eres, y ya no te sacudan las etiquetas del: "si fueras . . ." pero para eso necesitas una relación con Él, no una religión. Tiene que ser real, no se puede pretender. Ámalo con toda tu mente y tu corazón porque la religión no te hace hijo sino esclavo, pero Su Gracia si:

> *"Entonces me invocaréis, y vendréis y oraréis a mí, y yo os oiré; y me buscaréis y me hallaréis, porque me buscaréis de todo vuestro corazón."*
>
> Jeremías 29:12-13

Oración: Te amo Padre. Hoy oro a Ti y te busco con un corazón sincero. Tú eres mi Padre amado en quien tengo grande complacencia. Gracias por ser mi Papá.

Día 4: Hoy amo a los míos como Tú me amas

"y descendió el Espíritu Santo sobre él en forma corporal, como paloma, y vino una voz del cielo que decía: Tú eres mi Hijo amado; en ti tengo complacencia."

Lucas 3:22

Si Jesús, el Hijo de Dios, lleno de Gracia y Poder necesitó Palabras de validación de parte del Padre, y si tú y yo todavía las anhelamos (aunque tratemos de disimular nuestra vulnerabilidad), ¿no crees que tus hijos necesitarán escucharlas también? No tengas la menor duda de que el diablo intentará lesionar también sus identidades: "Si realmente fueras . . ." Tratará de ponerles etiquetas que los limiten y degraden, para que se enfoquen en sus defectos e ignoren sus propias virtudes, queriendo llenar un molde con el estereotipo del mundo, para merecer aprobación. Muchos tratarán de etiquetarlos para que el poder de Dios en ellos permanezca adormecido y, si ellos no saben quiénes son realmente, cualquier etiqueta los confundirá y distraerá. Por eso es tan importante y urgente que ellos se sepan amados, por ti. Sin saberlo, sus almas desfallecen sin tus palabras de validación, de confirmación, y bendición. No es opcional, la necesitan. Tenemos la responsabilidad de enseñarles quienes son realmente.

Te invito a bendecir a cada uno de tus hijos al estilo del Padre. En cualquier momento del día y sin razón alguna (no porque te trajo buenas calificaciones ni porque anotó un gol), y ya sea que tenga tres o treinta años, pon tus manos sobre sus hombros, mírale fijamente a sus ojos y dile: "Tú eres mi hijo (o hija) amado en quien me complazco y me deleito. Tú alegras mi vida. Soy tan feliz de ser tu papá (o mamá) y de tenerte cada día. Doy gracias a Dios cada día por haberte enviado a mi familia, por el privilegio de tenerte como mi hijo." Todos necesitamos la validación de papá u otra figura paterna. Mis hijos la oyen a diario porque es imperativo que lo sepan para que el mundo no los haga tambalear con "si tú fueras . . ." Tus hijos necesitan entender que tú los amas con todo tu ser no por lo que logran sino por lo que ya son; que tu gigantesco amor no está condicionado a su conducta, a su moral ni a su desempeño. No uses el reconocimiento para manipularlos a costa de su autoestima. Motívalos a diario pero no lesiones su valor propio. Inspíralos pero no a través de la comparación. Valídalos, no los lesiones. Esto urge más que su vestido y una buena educación.

> *"He aquí, herencia de Jehová son los hijos; Cosa de estima el fruto del vientre."*
>
> Salmos 127:3

Oración: Gracias Señor por enseñarme a bendecir a otros. Quiero ser un buen padre para mis hijos imitándote. Yo bendigo a mi descendencia. A cada uno de mis hijos y cualquier otro joven que esté bajo mi cuidado. Hoy encuentro complacencia en ellos como Tú en mí.

Día 5: No hay nada que pueda hacer: Él me ama

"Entonces me invocaréis, y vendréis y oraréis a mí, y yo os oiré; y me buscaréis y me hallaréis, porque me buscaréis de todo vuestro corazón."

Jeremías 29:12-13

Dios no está tan interesado en nuestras buenas acciones como en moldear nuestros corazones (Deuteronomio 4:29). No tan preocupado con nuestra moral como con que llevemos Su ley escrita en nuestras almas (Deuteronomio 6:6). No procura rituales sino nuestra amistad. No quiere rezos ni vana palabrería (Mateo 6:7) sino que Le escuchemos a Sus pies (Lucas 10:38), pasando tiempo con nosotros. Quiere una relación íntima contigo a través de Su Espíritu Santo, no una religión externa construida sobre tradiciones y festividades. No exige que cambiemos nuestra conducta para acercarnos a Él sino quiere que primero nos acerquemos, para poder transformarnos. Dios quiere que sepas que Él es real y que está allí, junto a ti, vivo, poderoso. No está en objetos, reliquias ni disciplinas: "¿por qué buscáis entre los muertos al que vive?" (Lucas 24:5b)

No hay absolutamente nada que puedas hacer para que Dios te ame más. Ya lo hace con todo Su poderoso corazón. No puedes ni tienes que lograr que te acepte, ya lo hizo a través de la Sangre de Jesucristo, por eso dijo: " . . . al que a mí viene, no le echo fuera" (Juan 6:37). De hecho, tampoco hay nada que puedas hacer para que te rechace porque Dios te ama exactamente de la manera que eres ahora, sin importar tus circunstancias, tus errores ni si tú lo has rechazado a Él (Lucas 23:34). Ningún padre espera que su bebé se comporte apropiadamente para comenzar a amarlo sino que más bien procura a toda costa su atención y hace todo lo posible por sacarle una sonrisa, una mirada o un balbuceado "papá" que solo él entiende. Tu amor ya estaba allí aún antes de que nacieran tus hijos, ¿por qué crees que nuestro Padre es diferente? Él te creó, Él se deleita en quien eres, en cómo eres. Él conoce tus debilidades pero también está consciente de tu potencial; entiende todo tu pasado pero ya ha proyectado un futuro diferente y extraordinario para ti, junto a Él. Deja de tratar de merecerte Su amor; no es posible porque se trata de Su Gracia. Sácate toda la religión, las preconcepciones y los paradigmas. Lo que Dios quiere es tu atención, tu corazón, tu confianza, en pocas palabras: tu amistad, y eso solo se logra pasando tiempo juntos, a solas, en intimidad, oración y comunión . . . Saca tiempo a diario para encerrarte con Papá:

"Mas tú, cuando ores, entra en tu aposento, y cerrada la puerta, ora a tu Padre que está en secreto; y tu Padre que ve en lo secreto te recompensará en público."

Mateo 6:6

Oración: Espíritu Santo, hoy renuncio a tratar de merecerme Tu amor y recibo la Gracia de tu preciosa Sangre en la Cruz. No necesito otra prueba de Tu amor ni necesito probarte nada. Tú me amas. Gracias por ser como eres Señor.

Día 6: Dios es mío

"Así ha dicho Jehová, Redentor tuyo, el Santo de Israel: Yo soy Jehová Dios tuyo, que te enseña provechosamente, que te encamina por el camino que debes seguir."

Isaías 48:17

El Creador nos muestra acá dos facetas de quien es Él: Nuestro Redentor que pagó el precio causado por todas nuestras deudas y todos los errores de nuestro pasado, y nos libró de ser esclavos según la Ley, y quien además es nuestro Dios. No solo le pertenecemos, Él nos pertenece, cómo los padres le pertenecemos a nuestros hijos. Si tienes más de un hijo sabes que el amor de los padres no se diluye entre los hermanos. Cuando nació tu segundo hijo, no le rebajaste una porción de amor al primero, sino que surgió uno nuevo, completo, único. Igual es con Dios. Él ama igual a todos Sus hijos porque Él es amor, pero ese amor es para con cada uno, incluido tú. Dios nos ama como pueblo, claro está pero también nos ama individualmente, a ti y a mí. Por eso Dios es tuyo, Él es tu Dios.

Pero si eso te pareciera poco, ese Dios tuyo que ya te redimió también: "te enseña provechosamente, . . . te encamina por el camino que debes seguir." Hay mucho que debemos aprender pero no por cumplir un deber sino porque es provechoso, es útil, sirve de mucho, es práctico y aplicable a la vida diaria de cada uno de nosotros. La razón por la que

Dios quiere que conozcamos Su Palabra es para que saquemos provecho de ella, para que conozcamos Su voluntad y Sus secretos porque ella nos muestra cómo vivir en la tierra bajo los principios de los Cielos. No se trata de un grupo de mandamientos religiosos ni de penitencias para hacerte mártir ni tampoco de hacerte sentir pecador porque Él te redimió y te hizo libre. Se trata de conocer Su voluntad. Por eso Dios te dice: "Clama a mí, y yo te responderé, y te enseñaré cosas grandes y ocultas que tú no conoces" (Jeremías 33:3). La Palabra "te enseña provechosamente," te hace bien, te nutre, te prospera, obtienes provecho de conocerla, te trae ganancias y bendiciones al aprenderla y atesorarla, y además ese enseñanza te "encamina por el camino que debes seguir." Por eso te sientes bien después de estudiarla, después de buscar Su Presencia, porque tu espíritu ha sido alimentado y tu mente renovada. No tengas la menor duda, tú tienes un Buen Padre en los Cielos, que es tuyo, que te redimió, que invierte Su tiempo en ti y cuida que prosperes, que "te enseña provechosamente" y te guía a caminar en el camino correcto. ¡Gracias Jesús!

"Te haré entender, y te enseñaré el camino en que debes andar;
Sobre ti fijaré mis ojos."

Salmos 32:8

Oración: Gracias Jesús por ser mío. Eres mi Señor, mi Dios, mi Padre. Aunque no puedo tocarte o verte ahora, yo sé que una parte de tu poderoso corazón es mía. Allí tienes escrito mi nombre.

Día 7: Solo Él saciará tu alma

"Porque sacia al alma menesterosa, Y llena de bien al alma hambrienta."

Salmos 107:9

Tu alma es tu psique, todo aquello que los psicólogos estudian como tus pensamientos, tus emociones y sentimientos, y tu voluntad. Es el lugar donde estamos alegres o deprimidos, enamorados o solitarios; donde los sueños y ambiciones conviven con nuestros temores y frustraciones, y donde la música derrama su eco. Es también la conexión entre el espíritu (nuestra parte divina donde podemos unirnos a Dios) y nuestro cuerpo físico; donde habitamos y nos movemos. Los tres están interconectados, los tres son importantes y es un grave error querer desarrollar uno en detrimento del otro. Es más agradable orar cuando estamos sanos que cuando enfermos, y tenemos más energía para ejercitar cuando estamos inspirados. La palabra griega que se traduce como aire y también espíritu, es la misma: Neuma (de allí la palabra neumático). Cuando tratamos de dirigir un auto con las llantas vacías, el vehículo se desplaza más lento, inestable y, si insistimos en hacerlo, se dañará. Lo mismo sucede con los seres humanos. La vida sin el Espíritu es vacía, lenta y muy dañina.

A lo largo de toda la Biblia podemos ver que "no solo de pan vivirá el hombre" (porque somos mucho más que un cuerpo) "sino de toda Palabra que sale de la boca de Dios" (Mateo 4:4). El aliento de Dios, el

Verbo, Su Palabra, es la que da vida verdadera. El espíritu necesita adorar y exaltar a Dios a diario, y el alma necesita nutrirse con pensamientos de paz, de abundancia y sanidad a través del poder del Espíritu Santo. No sigas dejando cabalgar tu alma hacia donde ella quiere; debes nutrirla, fortalecerla y sí, también disciplinarla, con la Palabra de Dios. Este Salmo está hablando sobre aquellos que se rebelaron contra Dios, y continúa diciendo que "su alma abominó todo alimento, Y llegaron hasta las puertas de la muerte" (verso 18). ¿Por qué no dice su cuerpo? El alma no come carne ni vegetales. Claramente está hablando de que lo que los acercó a la muerte fue la falta de Palabra para sus almas, la consecuencia de rechazar a Dios. ¿Sabes que hicieron después? Ellos " . . . clamaron a Jehová en su angustia, y los libró de sus aflicciones" (Verso 19). Solo cuando quebrantaron su orgullo y rebelión fueron capaces de clamar a Dios y reconocer su hambre de Él. ¿Sabes que les dio el Señor? No fue maná ni carne de codornices sino Su Palabra:

"Envió su palabra, y los sanó, Y los libró de su ruina."

Salmos 107:20

Oración: Señor, hoy reconozco mi hambre espiritual. Hoy entiendo que los alimentos físicos sacian mi cuerpo pero no a mi espíritu. Necesito Tu Palabra, no quiero ser raquítico espiritual. Enciende mi espíritu con Tu Espíritu. Ven a mi Jesús. Gracias por Tu inminente Presencia.

Día 8: Solo Él es la fuente

"Permaneced en mí, y yo en vosotros. Como el pámpano [rama] no puede llevar fruto por sí mismo, si no permanece en la vid [tallo], así tampoco vosotros, si no permanecéis en mí."

Juan 15:4

Jesús usa imágenes claras de nuestro mundo visible para que comparemos y comprendamos lo que sucede en lo invisible: Él es el tallo, el tronco, nosotros Sus ramas. El tronco no nace de las ramas sino que las ramas nacen en el tronco. Sin tronco no hay ramas. Las ramas dependen del tronco y no pueden vivir sin él. Solo la rama que permanece conectada al tronco se mantiene viva, florece y da fruto. A veces cortamos una pequeña rama con una flor y la ponemos en un envase con agua, con la esperanza de que permanezca hermosa pero, aunque ella absorba el precioso líquido, no dará fruto sino que se secará por la ausencia del tronco. No importa cuánto se esfuerce por subsistir por sí misma, luego de cierto tiempo, morirá; y aunque luzca saludable por fuera, perecerá, porque la sequedad comienza por dentro.

Muchos viven separados de Dios (el tronco) pero aun así parecen nutridos. Producen flores más o menos radiantes pero no engendran un verdadero fruto. La poca agua absorbida por las ramas sin tronco parece alimentarlos pero es insuficiente, y como las flores cortadas (aunque puestas en un florero lleno de agua), comienzan a secarse, primero en

lo interior. Por eso buscan desesperadamente otras fuentes como el
dinero y su vanagloria, o el poder o la fama, con la infantil ilusión de
que nunca se marchitarán, que nunca pasarán. Coleccionan multitud
de objetos brillantes y flores plásticas. A falta de abejas y mariposas
procuran moscas, y huyen del viento, de la lluvia y del sol. Se entregan
al libertinaje exprimiendo la poca savia, olvidando que ésta solo viene
a través del tronco. Fiestas, drogas, alcohol, pastillas para dormir,
pastillas para despertar, pura savia artificial, como quien se pone colirio
y pretende haber llorado. La separación del tronco causa en la rama la
ilusión de independencia, hasta que ésta se percata de que el viento que
la estremecía y sacudía mientras ella se aferraba, ahora la arrastra, sin
rumbo . . . Nada puede sustituir al tronco. Nadie permanece separado de
Él. Sin Dios, la vida es solo una ilusión. Separados de Él nada podemos
hacer. No caigas en la trampa. Solo injertando de nuevo la rama en su
tronco será posible salvarla. Injértate en Jesucristo, en nadie más . . .

> *"Yo soy la vid, vosotros los pámpanos; el que permanece en mí, y yo
> en él, éste lleva mucho fruto; porque separados de mí nada podéis
> hacer."*
>
> Juan 15:5

Oración: Santo Espíritu. Tú eres la fuente de todo bien. No
hay para mi bien fuera de Ti. Ven Jesús y lléname de la savia
espiritual de Tu Palabra. Abre mis ojos y oídos para percibir
más de Tu luz. ¡Gracias!

Día 9: Tengo Su paz

*"La paz os dejo, mi paz os doy; yo no os la doy como el mundo la
da. No se turbe vuestro corazón, ni tenga miedo."*

Juan 14:27

Jesús establece dos diferentes formas de paz. Una proviene del mundo y la
otra de Él, es Suya ("mi paz"), y solo Él puede compartirla con nosotros
("os doy"). El sistema mundano o mundo, como lo llama Jesús (Pablo
lo llama "este siglo" o el "actual sistema de cosas"), se refiere a la manera
como la humanidad opera fuera de la voluntad de Dios, tratando de
guiarse a si misma pero causándose mucho sufrimiento por su ignorancia
y rebelión, procurando las mismas viejas ideologías pero con diferente
nombre en cada generación, esperando alcanzar un orden que satisfaga a
todos pero fracasando estrepitosamente una y otra vez, durante milenios.
Juan define el fruto de este mundo sin Dios: "Porque todo lo que hay en
el mundo, los deseos de la carne, los deseos de los ojos, y la vanagloria de
la vida, no proviene del Padre, sino del mundo." (1 Juan 2:16).

El problema es que los deseos de la carne, de los ojos y la vanagloria
que llevamos adentro son insaciables, de modo que la paz que da
el mundo es temporal, ilusoria, volátil, sujeta a las circunstancias,
a nuestro ego y también a nuestros más profundos temores. Además,
eres tú quien debe perseguirla a toda costa y alcanzarla, y luego luchar

para mantenerte allí y, ultimadamente, será el mundo quien juzgue si lo lograste o no, definiendo quien eres. La paz de Jesús, por otro lado, no puede obtenerse si Él no la da. No la puedes comprar ni robar, ganar ni merecer, tienes que quererla y Él tiene que dártela pero, como no depende de ti, una vez la recibes seguirá fluyendo cada minuto de cada hora de cada día para que "no se turbe tu corazón ni tengas miedo." ¿Te imaginas vivir sin temor, en Su paz, lleno de confianza en Dios y en ti mismo porque Él mora en ti? ¿Cómo cambiaría tu vida si pudieras deshacerte un poco de la presión por alcanzar los resultados que otros esperan? Para eso debes escoger primero que clase de paz quieres, y luego actuar. Puedes escoger al mundo, pelear con todas tus fuerzas y a tu manera, y tendrás éxito solamente si alcanzas aquello que el mundo valora y reconoce. Puedes también escoger a Jesús, pelear con Sus fuerzas y a la manera de Él, y tendrás éxito si alcanzas aquello que Jesús valora. Tú decides. Ciertamente la segunda opción requerirá más fe porque deberás vencer al mundo, pero es eterna. Y no dependerá de tus éxitos ni tu astucia sino de cuanto creas en Él . . .

> *"¿Quién es el que vence al mundo, sino el que cree que Jesús es el Hijo de Dios?"*
>
> 1 Juan 5:5

Oración: Señor Jesús, en este momento pongo a Tus pies mi paz inestable, la que depende del mundo y mis circunstancias, y acepto el regalo de Tu paz. Renuncio a controlar porque solo Tú eres Dios. Renuncio a vivir bajo los estándares del mundo porque no pertenezco a él sino a Ti. Gracias por Tu paz Señor.

Día 10: Hoy reposo en Dios

"Alma mía, en Dios solamente reposa, Porque de él es mi esperanza."

Salmos 62:5

David le habla a su propia alma (sentimientos, pensamientos y voluntad) y le instruye (ordenándose a sí mismo) que únicamente repose (tenga paz, confíe, descanse) en Dios. El rey adoraba al Señor mientras entrenaba su propia actitud y se formaba en la Verdad. Ya sea que se encontrase en medio de la dificultad o del éxito, entre múltiples amenazas de muerte o con la profunda admiración de todo su pueblo, en la fría dureza de una cueva (huyendo de Saúl) o en la sobreabundante riqueza de su palacio, este hombre increíble no reposaba sobre sus valientes, poderosos y leales guerreros, tampoco sobre sus bóvedas repletas de lingotes de oro ni sobre sus muchas cualidades, virtudes y sabiduría (1 Samuel 16:18), no, David entendía que su vida, al igual que la tuya y la mía, están en las manos del único Dios y que solo en Él podemos descansar, que solo Él es la fuente de nuestra esperanza; de hecho que Él, el autor de la fe (Hebreos 12:2), es el dueño de ella. Por eso Pablo dice que hemos sido "comprados por precio" por lo que debemos "glorificar a Dios en nuestros cuerpos y espíritus, los cuales son de Dios." (1 Corintios 6:20).

Y para ti, ¿en quién reposa tu alma? ¿Dónde está tu confianza y descanso cuando la adversidad toca tu puerta? ¿En tu estatus y en tu cuenta bancaria? Y ¿de quién es tu esperanza? ¿De tu médico, tu empleador o en las utilidades de tu negocio? No me malinterpretes, una jugosa cuenta bancaria, un buen trabajo en una empresa respetable, tus propios negocios y acceso a los mejores médicos y servicios de salud son grandes bendiciones; es muy bueno tenerlos y debemos valorarlos pero, según David, no es bueno que reposes en ellos ni que pongas allí tu esperanza. Solo Dios debe ser tu reposo y tu esperanza. Sin Dios, tu cuenta bancaria, tu gran posición en esa empresa y tu próspero negocio pueden causarte solamente disputas, envidias y codicias, y ese médico tan eminente y estudiado puede convertirse en quien te sentencia a muerte porque desconoce la cura para tu mal. Con Dios, en cambio, ese negocio y prosperidad son para traer Su Reino y bendecirte más, a ti, a los tuyos y al mundo, y esa enfermedad puede culminar en que Él sea exaltado cuando tú seas sanado. Esfuérzate, apóyate en otros, planifica y protégete, a ti y a tu familia, pero cuando se trate de confiar, reposa solamente en Dios, y que solo de Él sea tu esperanza . . .

> *"Si Jehová no edificare la casa, En vano trabajan los que la edifican; Si Jehová no guardare la ciudad, En vano vela la guardia."*
>
> Salmos 127:1

Oración: Bendito Espíritu Santo, en este momento escojo y recibo Tu reposo. Tú eres mi Padre, eres poderoso, justo y me amas con un amor que aún no logro concebir. Solo en Ti encuentro paz estable y continua. Suelto toda ansiedad y me deshago de toda amargura, queja y angustias. Gracias Señor porque sé que puedo reposar en Ti.

Día 11: Dios sigue apostando a mí

"He aquí que no se ha acortado la mano de Jehová para salvar, ni se ha agravado su oído para oír; pero vuestras iniquidades han hecho división entre vosotros y vuestro Dios, y vuestros pecados han hecho ocultar de vosotros su rostro para no oír."

Isaías 59:1-2

¿Alguna vez te has preguntado, en medio de la angustia, donde está Dios y por qué parece no atender tu clamor ni tu angustia? ¿Lo has sentido lejano o inaccesible, inalcanzable? Esta cita aclara que Su mano no se ha acortado para ayudarte ni Su oído se ha cerrado para no oírte. Él está donde siempre ha estado, cerca de ti, esperando que cambies el rumbo y regreses a Él, a Su fuente. Él no se arrepiente de haber sufrido una muerte brutal para salvarte borrando tu maldad porque no ha renunciado a ti ni a tu regreso. Jesús sigue esperándote, creyendo en ti, apostando a ti, cada día, para que vuelvas a la maravillosa senda que Él diseñó para ti desde antes de que nacieras, y obtengas así el brillante futuro para el cual Él Te creó, sin importar tu pasado. Él tiene guardada para ti una piedrecita blanca que contiene un nuevo nombre, tu verdadera identidad (Apocalipsis 2:17). Dios no se ha separado de ti, por eso Él está a diario a tu puerta y te llama. Si tú oyes Su voz, y le abres tu corazón, Él entrará a ti, y cenará contigo (tendrá intimidad según Apocalipsis 3:20), porque a ninguno que viene a Él, lo echará afuera (Juan 6:37). Te espera . . .

Sin embargo, nuestro pecado le cierra la puerta en la cara. Nuestra rebelión le dice: "no te necesito, no quiero corrección; ni siquiera creo que seas real ni que me ames tanto como dicen. Apártate de mi camino, yo soy el dueño de mi destino y controlo mis pasos." Otras veces es nuestra autoestima quien, herida como una pequeña ave que se arrastra, le dice: "soy un fracaso, mi vida es un desastre, no hay salida ni esperanza para mí, no valgo nada, así que Tú nunca me vas a amar ni perdonar. Si nadie visible me ha amado, ¿cómo puedo creer en Ti que eres invisible?" Las mismas dos viejas estrategias de satanás: Una, hacerte creer que estás por encima de todos, forzándote a construir tu complejo de superioridad sobre las columnas de tu inseguridad y, la otra, hecha con los ladrillos del temor a la inferioridad y al rechazo. Ambas fortalezas obstruyen la entrada de la Luz, y deben destruirse . . .

> *"porque las armas de nuestra milicia no son carnales, sino poderosas en Dios para la destrucción de fortalezas, derribando argumentos y toda altivez que se levanta contra el conocimiento de Dios,"*

2 Corintios 10:4-5

Oración: Santo Señor, hoy decido agradarte primero a Ti. Te ruego que Tu Santo Espíritu me guíe cuando el orgullo o la autocompasión se quieran apoderar de mí. Tú me amas como soy pero me amas demasiado para dejarme como soy. Gracias porque estás obrando en mi alma.

Día 12: Solo Él guía mis pasos

"Conozco, oh Jehová, que el hombre no es señor de su camino, ni del hombre que camina es el ordenar sus pasos."

Jeremías 10:23

Vivimos tiempos volátiles, de constantes cambios y circunstancias inesperadas pero, a pesar de que todos estamos conscientes de esta realidad, vivimos afanados en anticiparlo y planificarlo todo. Tengo compañeros con planes de carrera profesional que detallan fechas y promociones por los próximos diez años. La cultura de cada región ha establecido la edad adecuada para estudiar, para tener pareja, para casarse, para tener hijos, retirarse y ser abuelos. Si quieres escribir un libro de niño eres muy joven y si quieres estudiar a los sesenta, ¡eres muy viejo! Hay una presión social que actúa como el caudal de un río, empujando a la mayoría hacia el centro de la corriente, y los pocos que resisten la presión son empujados hacia la orilla, hacia afuera. Creo que todo esto proviene de un miedo generacional a perder el control y a ser vulnerables. Vivimos en un mundo de fuertes, y nos aterra exponer nuestras debilidades a otros. En vez de imitar al bambú que se adapta con flexibilidad a los vientos, tratamos de endurecernos como pesada roca que no pueda removerse, pero las rocas no se mecen con la brisa ni crecen. Algunos expertos afirman que en promedio, apenas un 30% de nuestro día a día puede ser controlado. ¿Qué pasa si nos enfocamos en la pequeña parte controlable de nuestras vidas? Bueno, sencillamente nos perdemos del otro 70%.

¿Le indicas al capitán cual es la mejor ruta cuando te subes a un crucero o a un avión? A menos que seas un reconocido piloto, imagino que no. ¿Por qué entonces pretendes hacerlo con tu vida? ¿Sabes acaso cuando morirás? Al menos, ¿cuándo te enamorarás tú o tu hijo, o el día en que tu esposa engendrará tu nuevo bebé? Si tu respuesta es no, ¿qué te parece dejarle espacio a Dios para que pueda obrar en nosotros? ¿Qué tal si extendemos nuestros límites y le damos margen de maniobra, esperando Su tiempo y no el nuestro, Su voluntad y no la nuestra? Eso también es fe, y lo que no proviene de fe, es pecado (Romanos 14:22). Tus planes seguirán a tu voluntad y a la del mundo que te rodea. Pero si quieres los planes de Dios en tu vida, debes vivir bajo Su voluntad. Él tiene un propósito mayor para ti pero sin Su guía, no podrás nunca alcanzarlos. Déjate guiar por el Espíritu, ese que te engendró y que ordena tus pasos.

> *"El viento sopla de donde quiere, y oyes su sonido; mas ni sabes de dónde viene, ni a dónde va; así es todo aquel que es nacido del Espíritu."*
>
> Juan 3:8

Oración: Señor, perdona porque continuamente quiero controlar mi vida, llevarla según mis planes y prioridades. Hoy te entrego el volante Jesús y te dejo espacio para que maniobres e impactes positivamente mi caminar con Tus bendiciones. Tú eres Dios Papá, solo Tú eres Dios. ¡Gracias Señor!

Día 13: Me encanta hablar con Dios

"Mas tú, cuando ores, entra en tu aposento, y cerrada la puerta, ora a tu Padre que está en secreto; y tu Padre que ve en lo secreto te recompensará en público."

Mateo 6: 6

Del mismo modo como el médico nos da instrucciones como tomarnos una medicina "con cada comida, al acostarnos o antes de ir al baño" (porque todos comemos, dormimos y vamos al baño), asimismo Jesús nos dice: "cuando ores," dando por sentado que lo hacemos diariamente. No se puede ser cristiano sin orar, a diario. La comunicación frecuente y el pasar tiempo uno con el otro son elementos esenciales de toda buena relación, incluida la tuya con el Espíritu Santo. Es bueno ir a la iglesia, ayudar al necesitado, ir a la reunión semanal del grupo y agradecer a Dios antes comer, pero nada de eso sustituye a la oración. (Por cierto, leer la Biblia es una forma de oración porque Él se expresa en ella).

Pero desafortunadamente para muchos, la sola idea de disfrutar de la compañía y comunión con el Ser más maravilloso que existe, nuestro Creador y Salvador, es aburrida y más una carga que un placer. ¿Cómo podemos pensar que eso agrada a Dios? Así como aquella mamá que le dice al hijo que se porta mal: "espera que venga papá para que te las veas con él," la religión nos ha creado una mentalidad de que hablar con "papá" Dios es una forma de penitencia reservada solo para aquellos momentos cuando erramos. Pero un buen papá quiere mucho más que corregir a sus hijos. Al menos a mí es la parte que menos me gusta de mi relación con los míos. Lo que sí me gusta es pasar tiempo juntos, escuchar sus sueños y cultivarlos; abrazarlos, verlos sanos, verlos crecer, darles lo mejor de mí, proveerles y protegerlos. También disfruto sobremanera el compartir individualmente con mi esposa o alguno de mis tres hijos. Me deleita la manera como me abren su corazón y puedo sembrar en ellos semillas de luz, de paz, de autoestima, amor y valor. Al igual que en tu vida marital, Dios quiere tener historias secretas de alcoba solo contigo, aventuras solo entre tú y Él. Por eso tiene un lenguaje que es solo para ti, sueños que solo tú y Él entienden, sorpresas que son solo tuyas y regalos indescriptibles creados exactamente a la medida de tu alma. Él creó tu corazón para saciarlo de bien y va a restaurarte, transformarte, cultivarte, consolarte, hacerte inmensamente feliz, pero necesita tiempo a solas contigo, por eso urge que lo busques, que lo anheles, a diario, en lo secreto:

"Dios, Dios mío eres tú; De madrugada te buscaré; Mi alma tiene sed de ti, mi carne te anhela . . ."

Salmos 63:1a

Oración: Mi precioso Creador, gracias por Tu hermosa y dulce disponibilidad para estar conmigo. Gracias porque siendo Rey, Alto y Sublime, siempre estás dispuesto a escucharme, a aconsejarme, a mostrarme Tu amor. Hoy entiendo que eres y real y, lo más hermoso, que quieres ser mi amigo…

Día 14: Hablar con Dios me transforma

"¿Quién podrá entender sus propios errores? Líbrame de los que me son ocultos."

Salmos 19:12

La mayoría de los creyentes pasa buena parte de su tiempo de oración pidiéndole a Dios lo que cree necesitar, a pesar de que Jesús dice que nuestro Padre celestial conoce nuestras necesidades desde antes de que se las pidamos (Mateo 6:8b). Quizás esa sea una de las razones por las que muchas personas que han sido creyentes por muchos años, no han renovado su manera de pensar sino que continúan hablando igual, cometiendo los mismos errores, mostrando el mismo mal carácter, las mismas mañas, incapaces de ver sus propios conflictos internos. Estas personas no oran sino piden, y repiten rezos y frases aprendidas (muchas veces diseñadas por otras personas), sin realmente meditar en ellas. Por eso Jesús advierte respecto a no orar con "repeticiones ni vana palabrería" (Mateo 6:7). ¿Te relacionarías con alguien que siempre te repite las mismas palabras, solamente te pide y te pide, y que nunca se interesa en absoluto en escucharte? Sería desesperante una amistad así, ¿cierto? ¡No hagamos lo mismo con Dios!

El tiempo de oración debe ser el más provechoso del día. Si te dieran unos minutos para hablar con el presidente de tu país, ¿los despreciarías en temas irrelevantes o los "exprimirías" al máximo? Si tienes una reunión diaria con Dios a través de Su Espíritu Santo, es imposible que no seas transformado, fortalecido, restaurado. Cuando Moisés regresó del monte Sinaí tuvo que cubrir con un velo su rostro porque resplandecía después de estar con Dios (Éxodo 34:35). Es imposible compartir tiempo de calidad cada día con Aquel que creó al universo y a ti, sin ser renovado. Hoy, antes de orar por otros, ora por ti. Medita bien si no hay orgullo oculto en tu corazón. Quizás tus oraciones se han centrado en tus planes y no en los Suyos, y sin quererlo juegas a ser Dios. Pídele al Padre que te transforme. Ábrele sinceramente las puertas de tu corazón. Como David, pídele que te muestre tus errores y te libre de ellos, que traiga a tu mente los paradigmas limitantes que te obstaculizan, que te impiden ver más allá e ir por más. Necesitarás valor y humildad porque Dios va a tratar contigo; Él no podará tus ramas sino que irá directo a la raíz, pero puedes confiar en Él porque te ama. Deja al Espíritu hablarte y orar por ti. Tú no sabes lo que te conviene pero Él sí:

> *"Y de igual manera el Espíritu nos ayuda en nuestra debilidad; pues qué hemos de pedir como conviene, no lo sabemos, pero el Espíritu mismo intercede por nosotros con gemidos indecibles."*
>
> Romanos 8:26

Oración: Padre transfórmame, necesito y quiero ser renovado, restaurado. Hoy dejo de jugar a ser Dios y te pido que me guíes para que mi vida sea tal como la planeaste. Quiero alcanzar todo aquello para lo que me creaste. Lograr todos los sueños que Tú pusiste en mi corazón, a Tu manera, no a la mía Señor, a Tu manera… Gracias Abba.

Día 15: Dios me escucha, siempre, y atiende a mis ruegos

"Tú oyes la oración; . . ."

Salmos 65:2

Todos sabemos (o intuimos) que Dios existe, y que es omnipresente, omnisciente y omnipotente, y que fuimos creados por Él. Los cristianos sabemos también que Jesucristo pagó el precio de nuestra arrogancia, que fue entregado por nuestras rebeliones y hecho maldito para que seamos benditos. ¡Qué increíble muestra de Su infinito amor! Sin embargo muy pocos saben con certeza, en lo más profundo de sus entrañas, que Dios escucha sus oraciones, todas, y que aunque debido a nuestra separación de Él podamos sentirlo lejano, está allí siempre, al alcance de tu mano, listo para abrazarte, protegerte y cuidar de ti y de los tuyos. Por eso a diario procura atraer tu atención pero estás tan preocupado por atender tus propios asuntos que no puedes discernir Su compañía ni escuchar Sus susurros intentando guiarte. ¿Despreciarías a un amigo que te ama sinceramente, te respeta, que es sabio, poderoso, honesto y confiable, y que además solo procura tu bien? Supongo que no, sin embargo el Espíritu Santo es todo eso y mucho más, porque también pagó todas tus deudas para librarte del mal y la muerte, murió por ti . . . Nadie te ha amado ni te amará jamás como lo ha hecho Él.

Ten la absoluta certeza de algo: Dios escucha y atiende tu oración porque tú le importas más que ninguna otra cosa. Eres Su prioridad. El hecho de que no conozcas Su respuesta no significa que Él no te escuche. David dijo: "Mas ciertamente me escuchó Dios; Atendió a la voz de mi súplica." (Salmos 66:19) y también: "Amo a Jehová, pues ha oído mi voz y mis súplicas; Porque ha inclinado a mí su oído; Por tanto, le invocaré en todos mis días." (Salmos 116: 1-2). Dios no es un Padre ausente sino omnipresente. Él no te abandona y nunca jamás te ha dañado. No subestima tu dolor ni ignora las tentaciones por las que pasas. El Espíritu Santo no desprecia nunca tu oración sino que está atento a ella. Él no te ha olvidado sino que anhelante procura tu regreso a casa. Está presto para atraerte, y creo que cada vez que tu corazón manifiesta la menor posibilidad de clamar a Él, sonríe emocionado. Él guarda la esperanza de una más cercana relación contigo. Quiere ser tu primera opción, ocuparse de ti. No le gusta verte vencido ni abatido sino bien, confiado . . . Dios tiene todo aquello que necesitas y quiere dártelo para tu bien, pero es necesario que ores y Le busques sabiendo que está allí, que aunque no puedas verlo, es más real que tus manos:

> *"Bendito sea Dios, Que no echó de sí mi oración, ni de mí su misericordia."*
>
> Salmos 66:20

Oración: Hoy entiendo que Tú si escuchas mi oración. Que cuando Te busco, Te hallo porque Tú siempre estarás cerca. Gracias porque aunque no pueda verte, mi espíritu percibe la santidad y presencia del Tuyo. Gracias por estar siempre cerca, listo para mí.

"En cuanto a la pasada manera de vivir, despojaos del viejo hombre, que está viciado conforme a los deseos engañosos, y renovaos en el espíritu de vuestra mente, . . ."
Efesios 4:22-23

Gracias Padre porque Tú Palabra me transforma,
a diario,
y Tu amor saca lo mejor de mí . . .

Día 16: Cada día amo más a mi Padre

"Respondió Jesús y le dijo: El que me ama, mi palabra guardará; y mi Padre le amará, y vendremos a él, y haremos morada con él. El que no me ama, no guarda mis palabras;"

Juan 14:23-24a

El matrimonio es una bendición pero exige sacrificios, y si no amas lo suficiente a tu pareja, no los harás, en detrimento de la relación. Los esposos pueden seguir juntos "hasta que la muerte los separe" pero quizás sin disfrutar de una intimidad verdadera ni de un compañerismo genuino. La única manera de solucionar esta situación es que alguno de los cónyuges comience a ocuparse más del otro y menos de sí mismo. Algo similar ocurre con nuestra relación con Dios. Si no lo amas sinceramente solo tendrás una tediosa religión, y Él será para ti una carga en vez de una bendición. Por otro lado, todos queremos que nuestros hijos nos obedezcan y tengan principios morales pero, ¿es eso todo lo que esperamos de ellos? Yo quiero que mis hijos se comporten bien, que se esfuercen, que sean disciplinados y que busquen siempre el bien pero también quiero disfrutar con ellos, pasar tiempo en su compañía, viajar juntos, tomar sus manos y guiarlos, jugar con ellos, besarlos, abrazarlos, protegerlos, proveerlos, darles buenos regalos. Aunque me agrada mucho que me obedezcan y puedo llegar a corregirlos con severidad según la gravedad de cada caso, yo no amo a mis hijos porque me obedecen sino porque son míos, porque son maravillosos, porque Dios me los dio, porque nacieron de mi esposa y de mí. De eso se trata también la paternidad; y ni tú ni yo somos mejores padres que Abba, Papá . . .

¿Quieres recibir más de Dios? No te preocupes tanto por tu moralidad y por tener una conducta intachable sino más bien pasa más tiempo con Él; la santidad vendrá sola, a través de la relación. ¿Quieres superar las dificultades que obstruyen tus pasos? No te preocupes tanto en batallar con tu fe, pasa más tiempo con Él y tu fe crecerá en la medida que conozcas Su grandeza y Su amor por ti. ¿Quieres ser transformado y dejar un vicio o una atadura que solo tú conoces? Busca más de Su Presencia; las cadenas del enemigo se deshacen cuando Su poder desciende sobre ti. Si quieres recibir más de Dios debes pasar más tiempo con Él para que puedas conocerlo y amarlo más. Solo así entenderás Su amor y pasión por ti. Dios quiere darte más pero debes ser transformado para poder recibirlo . . . Mientras más le conozcas más le amarás:

> *"Y amarás al Señor tu Dios con todo tu corazón, y con toda tu alma, y con toda tu mente y con todas tus fuerzas. Este es el principal mandamiento."*
>
> Marcos 12:30

Oración: Hoy me aferro a Ti Señor Jesús. Te llamo y sé que respondes. Hoy entiendo que separado de Ti nada puedo hacer pero que todo lo puedo en Ti porque Tú me fortaleces. Hoy dejo de batallar con el pecado y Te dejo llenarme, sanarme, restaurarme. Gracias Papi, te amo.

Día 17: Tengo acceso a Él porque me ama

"Acerquémonos, pues, confiadamente al trono de la gracia, para alcanzar misericordia y hallar gracia para el oportuno socorro."
Hebreos 4:16

Recientemente mi hijo Daniel de 6 años, sentado en el piso de su "dojang," esperaba ser llamado por sus maestros para presentar la prueba por su cinta naranja en Tae Kwon Do. Yo lo observaba un poquito nervioso a la verdad cuando, en medio de la algarabía de sus compañeros que gritaban y se empujaban, Daniel juntó sus manos, inclinó su rostro, cerró los ojos y oró breve pero profundamente. No sé lo que sentí . . . Estaba orgulloso pero de Dios, de Su bendición; tenía un gozo profundo en mi alma porque eso lo aprendió de mí y espontáneamente me estaba imitando, acudiendo con una fe genuina y pura al trono de la Gracia, para hallar socorro en su Abba. De repente entendí que cuando imitamos a Jesús, quien a Su vez imita siempre al Padre, nuestros hijos naturales y espirituales nos imitan, y entramos a formar parte de esa cadena de bendición generacional que viene desde los mismos cielos, desde la eternidad y para la eternidad . . .

Ahora bien, si yo me sentía tan feliz porque mi hijo tan pequeño estaba orando a Su Padre celestial, ¡imagínate cómo se habrá sentido el Señor! Después de todo, la oración era para Él, no para mí. Con el simple hecho de meditar en esto, ahora disfruto aún más de mi tiempo de oración porque imagino que el Padre siente algo parecido a lo que sentimos nosotros. Dios se agrada de ti y de mí no porque seamos perfectos sino porque en nuestras pruebas, Le buscamos y tratamos de imitarlo. Y cuando todo va bien, después de superado el reto, le damos a Él la gloria. Él siempre tiene abundante misericordia y gracia para nosotros, Sus hijos. Jesús no está pendiente de tus imperfecciones sino de tus fortalezas; Él no se enfoca en tu pasado sino en tu potencial; Dios no es un policía buscando capturarte "in fraganti" para castigarte o darte tu merecido. Él se enorgullece de ti más que tú de tus hijos. Más aún, tú, así como eres, como Él te creó, eres un deleite para Él. A pesar de tus muchos defectos y tus temores, con tus fortalezas pero también con tus debilidades, en tus recaídas y cada vez que vuelves a levantarte, Él está allí, disponible, apostando a tu éxito. Él es un Papá cercano, un confidente, el mejor amigo, ese Único compañero que te ama más que nadie en el universo así que sé el mejor ejemplo y aprende de Jesús: imita al Padre . . .

> *"Respondió entonces Jesús, y les dijo: De cierto, de cierto os digo: No puede el Hijo hacer nada por sí mismo, sino lo que ve hacer al Padre; porque todo lo que el Padre hace, también lo hace el Hijo igualmente."*
>
> Juan 5:19

Oración: Hoy viviré conectado a Ti. No me separaré de Tu Santo Espíritu. Ayúdame a entender cuánto te importo y cómo siempre estás allí, solo para mí. Gracias mi Rey por deleitarte en mí. ¡Eres increíble!

Día 18: Mi Dios anhela que yo viva

"Diles: Vivo yo, dice Jehová el Señor, que no quiero la muerte del impío, sino que se vuelva el impío de su camino, y que viva. Volveos, volveos de vuestros malos caminos; ¿por qué moriréis, oh casa de Israel?"

Ezequiel 33:11

Para muchos el Dios del Antiguo Testamento es castigador, un padre rudo y legalista que vive acechando a sus hijos para corregirlos duramente al cometer el menor error, pero acá podemos ver que Dios es el mismo tanto en el Antiguo como en el Nuevo Testamento, y que Su amor antes del sacrificio de Cristo era igualmente inmenso; por eso nos envió al Hijo. Cuando Él dice "vivo yo" nos está reforzando la sinceridad de Su corazón, nos muestra Su ternura como diciéndonos "créanme, no los engaño, tienen mi promesa." Él no miente y por lo tanto no necesita validar Sus Palabras, pero usa este lenguaje para incrementar nuestra confianza en Él. Dios no desea la muerte de los pecadores (todos nosotros) sino su arrepentimiento, que re-direccionemos nuestro rumbo yendo hacia Él.

En un acto de infinita humildad, Dios se lamenta por aquellos que Lo rechazan y Le abre Su corazón afligido al profeta, diciéndole a Ezequiel algo como: "explícales que no quiero que vengan para maltratarlos ni dañarlos sino que por el contrario, lo que anhelo es que se arrepientan para que vivan." No sé por cuáles circunstancias has pasado ni cuan profundo has caído mientras has caminado en tus rebeliones. No sé si tus errores son "tan rojos como la grana" pero, si vienes a Cristo, serán "emblanquecidos como la nieve" (Isaías 1:18). El mundo está cada día más enfermo y débil por lo que urge cambiar de rumbo y buscar a Dios, pero hay un requisito importante y quizás aún más apremiante: entender que Dios ya te ama infinitamente, exactamente así como eres, con tus defectos, tus debilidades y virtudes. Además Él te amó desde mucho antes de que nacieras. Dios anhela que volteemos a Él para que vivamos. Si tú has cedido terreno al enemigo, otorgándole al diablo autoridad legal sobre algún área de tu vida, no importa cuánto te esfuerces, seguirás atrapado hasta que se la entregues al Señor. Dios no te condena, Él vino para darte vida, y vida en abundancia (Juan 10:10). Él quiere destruir la obra que satanás ha construido en ti pero solo puede hacerlo si tú lo invitas y lo dejas obrar. No te confíes en tus buenas acciones . . .

> *"Y tú, hijo de hombre, di a los hijos de tu pueblo: La justicia del justo no lo librará el día que se rebelare; y la impiedad del impío no le será estorbo el día que se volviere de su impiedad; y el justo no podrá vivir por su justicia el día que pecare."*
>
> Ezequiel 3:12

Oración: Señor, ya no te rechazaré más. Hoy entiendo que eres un Buen Dios y un Buen Padre y que todos Tus mandamientos e instrucciones son buenos para mí, para mi familia y para mi descendencia. Ayúdame a caminar bajo Tu cobertura y con Tu lámpara iluminando siempre mis pies. Gracias porque sé que me escuchas y ayudas siempre.

Día 19: ¡Mi Padre es tan humilde!

"Así que, somos embajadores en nombre de Cristo, como si Dios rogase por medio de nosotros; os rogamos en nombre de Cristo: Reconciliaos con Dios."

2 Corintios 5:20

¿Alguna vez te has imaginado que cuando alguien te habla de Dios, es el Señor mismo rogándote a través de él o ella? ¿Será posible que esa persona que insiste tanto en que corrijas tu rumbo, te apartes del pecado y quien a veces hasta se pone un poco impertinente, no sea más que un persistente instrumento de Dios llamándote de regreso a Él? Dios te habla frecuentemente pero tu mente está muy distraída en otras cosas, así que Él te envía a alguien más, te habla a través de otros con la esperanza de que escuches Su mensaje. Si tienes un amigo o conocido cuya compañía no siempre anhelas, pero a quien buscas y escuchas cuando sientes un vacío en tu alma o cuando los otros te abandonan, esa persona es un instrumento de Dios quien está rogándote que regreses y te reconcilies con Él. Cultiva esa amistad porque detrás de ella está el Espíritu Santo.

Por otro lado, ¿alguna vez has considerado la posibilidad de que cuando Dios te mueve a hablarle de Él a alguien, a ayudar alguien, a servir a otros, sea Él mismo rogándole a esa persona que regrese a Él, a través de ti? Y si sientes inquietud en tu corazón al no hacerlo, o un deseo intenso de atreverte, pues es Dios mismo rogándote que lo hagas. ¡Qué privilegio más grande el ser Su instrumento! ¡Cuán grande es el amor del Padre que se humilla a rogarnos a que nos reconciliemos con Él! El mismo que nos creó y nos dio un hermoso y rico planeta para vivir; Aquel que entregó a Su Hijo unigénito para recuperarnos cuando nos apartamos de Él; ese mismo maravilloso Creador hoy ruega por tu alma, por la mía, y por la de tantos millones que sin nuestra intervención, se irán a una eternidad sin Cristo . . . Dios nos susurra con amor hoy: "¡Reconcíliate conmigo! Yo soy el Camino, y la Verdad, y la Vida (Juan 14:6). Regresa, vuelve tus pasos a Mí y yo te daré vida en abundancia (Juan 10:10b). No os dejaré huérfanos (Juan 14:18)." Si estás en medio de una adversidad que parece desviarte de tu camino, evalúa y escudriña bien porque a lo mejor es Dios regresándote al Camino. Y si todos tus asuntos van tan bien que parece que no necesitas de Él, examínate porque separado de Él nada podemos hacer (Juan 15:5b).

"si se humillare mi pueblo, sobre el cual mi nombre es invocado, y oraren, y buscaren mi rostro, y se convirtieran de sus malos caminos; entonces yo oiré desde los cielos, y perdonaré sus pecados, y sanaré su tierra."

2 Crónicas 7:14

Oración: Hoy me humillo mi Señor, y oro, y busco Tu rostro. Elijo convertirme de mis caminos a los Tuyos Padre. Quiero reconciliarme una vez más contigo. Gracias por Tu misericordia, por Tu perdón, porque me abrazas. No me quiero aparta de Ti jamás.

Día 20: A mi Papá le importa el cómo

"Si Jehová no edificare la casa, En vano trabajan los que la edifican; Si Jehová no guardare la ciudad, En vano vela la guardia."

Salmos 127:1

Gran parte de la humanidad procura alcanzar sus sueños separada de su Creador, eligiendo infantilmente la orfandad a pesar de disponer de un gran Padre. En nuestra arrogancia nos creemos independientes de esa Fuente superior que todos intuimos pero no vemos . . . Creemos poder alcanzar la autosuficiencia a pesar de que todo lo que nos rodea está intrincadamente interconectado y es interdependiente. La palabra "vano" se podría sustituir con "inútil" y se refiere a un esfuerzo estéril, como acarrear agua del río y derramarla en el camino o seguir una dieta estricta y no bajar un solo gramo. Acá el salmista nos enseña que vivir separados de Dios es inútil y sin sentido, hasta insensato, como construir un barco sin vela; como un río que, sin corriente, se seca . . .

Dios está interesado en lo que logras pero aún más en cómo lo logras. Le importa mucho hasta adonde subes pero más aún, en la mano de quién te sujetas. Él no se sienta a esperarte en la meta, anhelando que llegues a ella sino que te acompaña durante todo el trayecto, a cada paso, con sol o con lluvia, y te alienta cuando decae tu rostro. Él no solo te alza en tus alturas, también cura tus heridas cuando resbalas y te perdona tiernamente cuando yerras. Pero el Espíritu Santo de Dios ama, sobre todas las cosas, tu compañía. Tú eres Su mayor deleite, Su mayor creación, única, inigualable, perfecta. Él quiere atraerte y para eso pinta paisajes a tu alrededor, con la esperanza de que voltees a verlos, y te acuerdes de Él. Procura alegrarte con las sonrisas de los que te rodean, a ver si ves Su reflejo. No vivas tu vida en vano, edificando paredes sin cimientos ni velando la ciudad a oscuras, persiguiendo una felicidad de plástico. No vivas sin Papá, no desperdicies Su regalo ni tu vida. Él puede, quiere y va a sacarte adelante, si tú se lo permites. Tú no eres poca cosa, eres Su especial tesoro (Malaquías 3:17) y su linaje escogido (1 Pedro 2:9). No te pierdas en las sombras, tú puedes ser realmente libre pero solo con Su ayuda. No importa cuán desesperada parezca tu situación, hay salida, hay solución, ha esperanza, y esa esperanza tienen nombre: Jesucristo, solo en Él. No te apartes de la fuente, permanece en la vid:

Jesucristo dijo: *"Yo soy la vid, vosotros los pámpanos; el que permanece en mí, y yo en él, éste lleva mucho fruto; porque separados de mí nada podéis hacer."*

Juan 15:5

Oración: Hoy renuncio a ser huérfano porque sé que tengo un Padre fiel, amoroso y poderoso en los Cielos. Espíritu Santo, hoy quiero invitarte a que permees todos los aspectos de mi vida. Quiero que me acompañes en la oficina, en mis quehaceres, en el tráfico, al comer, bañarme, levantarme y acostarme. Quiero vivir apegado a Ti Santo Señor. Gracias.

Día 21: Hoy medito en Sus caminos

"Sembráis mucho, y recogéis poco; coméis, y no os saciáis; bebéis, y no quedáis satisfechos; os vestís, y no os calentáis; y el que trabaja a jornal recibe su jornal en saco roto. Así ha dicho Jehová de los ejércitos: Meditad sobre vuestros caminos."

Hageo 1:6-7

A pesar de la ilimitada oferta comercial de múltiples juguetes que prometen hacernos más felices, más satisfechos, más delgados y musculosos, más espirituales, más sexuales, más intelectuales, más emocionales, más creativos y profesionales, mejores padres, mejores amantes y mejores líderes, siempre disfrutando (por supuesto) de abundancia económica y "paz mental," creo que la humanidad se divide en dos únicos grupos: Los que han encontrado su razón de existir y los que no. Y creo que solo los segundos necesitan de tantos juguetes. La felicidad del mundo parece inversamente proporcional a toda la riqueza y recursos tecnológicos disponibles. Buscamos la felicidad por caminos hollados a pesar de ver la infelicidad de los que por allí pasaron antes pero, si la felicidad es el camino, ¡los atajos solo la recortan y reducen!

¿Hay vanidad en tu vida? No me refiero a arrogancia sino a esfuerzo en vano. ¿Comes pero no te sacias, te vistes pero no te calientas, y cobras tu jornal en saco roto? Si es así, escucha la instrucción del profeta: "Meditad sobre vuestros caminos." No importa cuánto se parezcan los senderos, cada uno lleva a un lugar diferente. ¿Adónde quieres llegar? ¿Quieres el atajo o prefieres caminar? Dios ha grabado dentro de ti una ruta que solo tú puedes transitar, con la huella exacta de tus pies y extra espacio para tus más grandes sueños; especial para explotar tus dones y específicamente diseñada para que necesites de Su compañía durante todo el trayecto porque Su mayor placer es caminar contigo. "Medita sobre tus caminos." No vayas por donde todos van si quieres llegar a un lugar diferente. No camines por lo más transitado si buscas algo mejor de lo que busca el promedio. No empujes todas las puertas sin saber que hay detrás, más bien deja que tu Padre caballerosamente las abra por ti, si te convienen . . . Se todo aquello para lo que fuiste creado. No sigas a ciegas a nadie, ni siquiera a Dios. Medita sobre tus caminos, cada día, en cada decisión. Escoge el bien y la luz porque, aunque los senderos parezcan iguales, los destinos podrían ser muy diferentes . . .

"porque estrecha es la puerta, y angosto el camino que lleva a la vida, y pocos son los que la hallan."

Mateo 7:14

Oración: Señor, hoy te pido perdón por las veces que he querido vivir a mi manera, persiguiendo el éxito según el mundo, tratando de alcanzar estándares de gente que ni siquiera conozco. Hoy te pido que me ayudes a vivir según Tú voluntad para que mi vida sea verdaderamente productiva. Gracias.

Día 22: Yo soy agradecido

"Y amarás al Señor tu Dios con todo tu corazón, y con toda tu alma, y con toda tu mente y con todas tus fuerzas. Este es el principal mandamiento."

Mateo 12:30

¿Cuándo perdí la capacidad de maravillarme y dejé de percatarme de los milagros de cada día? ¿Cuándo fue que dejé de nutrir a mi alma y como no me percaté de su raquitismo? ¿Cómo no me di cuenta de la maravilla de ser una sola carne con mi esposa, disfrutar a mis hijos y de lo fabuloso que es respirar, reír, llorar . . . ? A pesar de las miles de tonalidades, mis ojos insisten en el blanco y negro y, con tanto amor alrededor, me enfoco en donde falta. ¿Cómo fue que comencé a despreciar el tesoro de cada minuto, viviendo como si nunca fuera a morir, mientras abandonaba mis sueños, como si ya estuviera muerto? ¿Acaso el nacimiento de un bebé es menos maravilloso porque ocurre uno cada pocos segundos? ¿No debería quedarme sin aliento con la luna llena, un atardecer o porque los brazos abiertos de Cristo en la Cruz también me abrazaron a mí? ¿Cómo aprendí a estar atento a lo que me falta y no a lo que tengo, teniendo tanto? ¿Por qué asumí que mis recursos me pertenecen y que merezco todo lo que recibo? ¿Dónde fue que aprendí la ilusión de poseer? ¿Qué es realmente mío? ¿Cuándo y cómo me volví tan insensible y arrogante?

Bendito Creador: ¡Enséñame a amarte con todo mi ser! Sean tuyas mi alma, mi mente y mis fuerzas. Perdóname por haberme acostumbrado a vivir la vida como si me perteneciera, como si yo mismo me la hubiera otorgado. Discúlpame por asumir cada noche que, por la mañana, mis ojos volverán a abrirse y que Tu aliento aún estará en mi boca. Perdona mi hablar que es siempre yo, yo y yo, como si el universo girara solo a mí alrededor . . . . ¡Transfórmame! ¡Despiértame! Enséñame a ser realista, es decir a vivir "Tu realidad" en vez de mi ignorancia. Abre mi alma para que finalmente pueda entender que la vida es maravillosa y es un regalo tuyo, que únicamente proviene de Ti porque Tú sustentas el universo con el poder de Tu Palabra (Hebreos 1:3). No quiero desperdiciarla más, quiero cambiar, no quiero ser malcriado. ¡Lamento mucho el haber desechado tantos regalos sin haberlos abierto siquiera Jesús! Ayúdame Espíritu Santo a vivir en una frecuencia más alta, con un corazón humilde, más atento a Ti y a Tu voluntad y menos sensible a los engaños de este mundo. A partir de ahora mismo seré agradecido y como David:

"Bendeciré a Jehová en todo tiempo; Su alabanza estará de continuo en mi boca."

Salmos 34:1

Oración: Padre, ayúdame a vivir más profundo que la superficie. Pueda yo percibir más de Ti, tener una vida más significativa, más trascendente, según los planes de Tu corazón cuando me creaste, cuando me diseñaste, cuando me salvaste. Padre, guíame para que mi vida tenga significado, para que Tu sacrificio por mi valga la pena. Te amo Abba.

Día 23: Hoy abro mi mente a Su bondad

"Pero también digo: Entre tanto que el heredero es niño, en nada difiere del esclavo, aunque es señor de todo;"

Gálatas 4:1

De acuerdo con Pablo es posible que, aunque alguien gobierne (señoree) sobre mucho y por lo tanto sea el dueño de todo, pueda vivir una vida de esclavo. Creo que algunas celebridades de Hollywood son un buen ejemplo de esto: vidas llenas de bendición (belleza, talento y abundancia económica) y de miseria a la vez (codicia, envidia, chisme, adulterio, divorcio, hijos abandonados). Más que apropiarse de la bendición que tienen, la bendición se apropia de ellos. ¿Cómo es posible que alguien lo tenga "todo" y a la vez nada? Por su inmadurez. Un niño no tiene capacidad mental ni legal para tomar decisiones sobre su propia herencia, y desafortunadamente muchos creyentes tampoco . . .

La mayoría de los hijos de Dios viven muy por debajo de su potencial. Obtienen bendiciones dispersas pero a costa de mucha insatisfacción y frustración. Su carácter los limita porque no permiten que el Espíritu Santo los transforme, por lo que pasan meses y años sin evolucionar, despilfarrando el poder, la vida eterna y la Gracia que Dios generosamente les provee, como si fuera algo común y de poco valor. Lamentablemente muchos se acostumbran a vivir así como aquella mujer que "andaba encorvada, y en ninguna manera se podía enderezar" (Lucas 13:11) quien, a pesar de su estado lamentable y de haber escuchado los testimonios de los milagros de Jesús, no le pidió al Maestro que la sanara cuando les fue a predicar en su propia sinagoga. O aquel paralítico que llevaba treinta y ocho años inmóvil quien, cuando Jesús le preguntó: "¿quieres ser sano?," en vez de gritar un claro y contundente "¡Si, quiero caminar, quiero ser libre!," comenzó a darle a Jesús todas las explicaciones por las cuales "su caso" no tenía solución y no podía ser curado (Juan 5:6-7). ¡Qué pérdida de tiempo y de vida teniendo enfrente de él a Aquel que es la Plenitud de la Deidad! (Colosenses 2:9). No te acostumbres a vivir encorvado, no dejes que tu mente se paralice, no dejes de crecer en Dios. Medita en Su Palabra, adóralo y ora a Él diariamente. Déjalo transformarte mediante la renovación de tu entendimiento (Romanos 12:2) para que obtengas madurez en Él y puedas disfrutar así de todas las bendiciones que ya te ha otorgado como Su coheredero, como Su hijo, no como niño ni esclavo:

"Así que ya no eres esclavo, sino hijo; y si hijo, también heredero de Dios por medio de Cristo."

Gálatas 4:7

Oración: Hoy renuncio a toda forma de esclavitud del mundo. Gracias porque Tú y solamente Tú eres mi señor. Aprecio todo lo que haces por mí, y atesoro Tu Palabra y Tu unción Señor. No hay bien para mí fuera de Ti Jesús. Te amo…

Día 24: Hoy cuento con Su misericordia

"Y deteniéndose él, los varones asieron de su mano, y de la mano de su mujer y de las manos de sus dos hijas, según la misericordia de Jehová para con él; y lo sacaron y lo pusieron fuera de la ciudad."

Génesis 19:16

Los varones eran ángeles con apariencia de hombres (Hebreos 13:2) que venían para sacar de Sodoma a Lot (sobrino de Abraham), y a su familia. Dios quería salvar sus vidas porque la destrucción era inminente. Esta ciudad era conocida por la conducta pervertida de todos sus habitantes ("desde el más joven hasta el más viejo," Génesis 19:4), los cuales eran tan depravados que intentaron abusar sexualmente de los mismos varones (ángeles) que visitaban a Lot. (Génesis 19:5-9). Pero los enviados de Dios, debido a la prisa en proteger del exterminio a Lot y a su familia: "asieron de su mano [la de Lot], y de la mano de su mujer y de las manos de sus dos hijas, según la misericordia de Jehová para con él." Literalmente los ángeles asieron las manos de los escogidos de Dios para protegerlos y librarlos según Su misericordia. Ellos no debían ser destruidos como el resto de la gente de esta ciudad. Dios aplicaba Su ira mientras guardaba a Sus hijos.

Si en este momento estás pasando por una situación difícil, trátese de un reto personal o profesional, una enfermedad, escasez económica o una profunda decepción sentimental, recuerda que Dios, "según Su misericordia," te toma de tu mano y no te suelta, aunque no puedas palparla. Jesús dice de nosotros, Sus ovejas, que " . . . nadie las puede arrebatar de la mano de mi Padre." (Juan 10:29b). Él prometió que estaría allí siempre. En las dificultades Él se hace más real y tangible, pero es necesario que le creas y tomes tiempo para buscarlo. Y si es un ser querido quien está confrontando problemas, acá hay otra buena noticia: los ángeles los protegían según la misericordia de Dios para con Él, no ellas, de modo que si tú amas a Dios, y le buscas y crees, Él escuchará tu intercesión y librará a otros "según Su misericordia para contigo." Aún más, todo comenzó con Abraham quien era el "amigo de Dios" (Santiago 2:23), y por eso los ángeles libran a Lot, por la intercesión de Abraham quien era su tío (Génesis 18). Procuremos la amistad de Dios, y atenderá desde los Cielos nuestra intercesión y serán benditos también los que te rodean. Solo así podremos cambiar al mundo . . .

> *"Con todo eso, Jehová no quiso destruir a Judá, por amor a David su siervo, porque había prometido darle lámpara a él y a sus hijos perpetuamente."*
>
> 2 Reyes 8:19

Oración: Gracias bendito Espíritu Santo porque aunque no pueda palpar Tu mano, ella me sostiene, a mí y a los míos, de día y de noche. Tu misericordia nunca se aparta de mí, bendito seas Señor.

Día 25: Hoy sé que Él me ha recibido

"Todo lo que el Padre me da, vendrá a mí; y al que a mí viene, no le echo fuera."

Juan 6:37

Jesús establece aquí varios principios vitales para nuestra fe: <u>Primero</u>: Dios Padre es el proveedor de Jesús y por ende, de nosotros; Él es quien provee las almas y los recursos para Su Reino. Por eso David decía: "no hay bien para mi fuera de ti" (Salmos 16:2c), y Juan el Bautista: "no puede el hombre recibir nada, si no le fuere dado del cielo" (Juan 3:27). <u>Segundo</u>: El hecho de que aún no puedas palpar con tus manos aquello que Dios te ha prometido no significa que no sea tuyo. Jesús nos da el ejemplo recibiendo en el presente ("me da") lo que el Padre le entregará después ("vendrá a mi"). La fe de Jesús descansa en Aquel quien es Su fuente. La intimidad entre ambos no da espacio a la duda. Él se sabe dueño de todo lo que todavía no ha ocurrido o que aún no ha sido engendrado. Tú ya eres el receptor de todo aquello que Dios te ha prometido; es solo cuestión de tiempo que se manifieste porque, en Su momento, lo que ya te dio: "vendrá a ti."

<u>Tercero</u>: Es Dios quien atrae a las almas, no nosotros. Por eso dice "al que a mí viene," de modo que no debemos perder el tiempo en discusiones y palabrerías (2 Timoteo 2:16). No te afanes en convencer a las personas sobre la existencia de Jesús. Habla menos y escucha más,

esfuérzate en entender y en tener buen testimonio. No discutas con aquellos a quienes quieres ver a Sus pies. Ora a solas por ellos. Dobla tus rodillas por sus almas, clámale al Padre en tu diaria intimidad con Él. Cuarto: No importa los errores que hayas cometido o que hayan cometido contra ti, ni importa cuán errado haya sido tu pasado. No importa en que hoyo tan profundo te hundiste ni lo espeso del pantano donde te revolcaste. Tampoco importa el tamaño de la herida que causaste ni el de aquellas tantas que recibiste. Lo único que si importa es que Jesucristo no te echa fuera ¡nunca! Si estás realmente arrepentido de tus errores, Él siempre está disponible para perdonarte, para sanarte, para restaurarte y levantarte. No es tarde, aún estás a tiempo, ahora mismo es el momento, no esperes más. Por eso murió en una cruz, para que regresaras a Él. Su amor por ti y por mí no es comprensible pero, aunque no lo entiendas, no lo desprecies.

> *"Él es quien perdona todas tus iniquidades, El que sana todas tus dolencias; El que rescata del hoyo tu vida, El que te corona de favores y misericordias;"*
>
> Salmos 103:4-5

Oración: Señor, no tengo palabras para agradecerte Tu perdón, soberano y absoluto. Has perdonado todas mis iniquidades y te has olvidado de cada una de ellas. Hoy borras toda mi maldad e inscribes mi nombre en el Libro de la Vida. No tengo palabras Señor, solo puedo decir ¡gracias!

Día 26: Él es mi Sanador

"He aquí que yo les traeré sanidad y medicina; y los curaré, y les revelaré abundancia de paz y de verdad."

Jeremías 33:6

Dios promete que restaurará al pueblo de Israel después de la cautividad pero, en un sentido más amplio, nosotros los gentiles hemos sido hechos pueblo de Dios a través de Jesucristo, de modo que esta promesa es también para nosotros, pero es necesario que nos apropiemos ella. Por eso Jesús sanaba a todos: judíos, romanos, samaritanos, griegos, pobres o ricos, ciegos o sordos, paralíticos o leprosos, hombres y mujeres, enfermos en el cuerpo, enfermos en el alma y enfermos en el espíritu . . . Y en los casos más extremos, cuando parecía que el Maestro había llegado tarde, entonces levantaba a los muertos. No hay límites para Su poder ni existen límites para Su amor por ti. Solo tienes que apropiarte de Su bien, de Su gracia, de Su vida eterna. Él te ama tanto que no escatimó ni a Su propio Hijo (Romanos 8:32) para darte vida completa, buena, abundante. No sigas dudando ni poniéndolo a prueba, Él ya se entregó por ti.

La Biblia afirma que fuimos creados a la imagen de Dios (Génesis 1:27) y Pablo dice que somos tres en uno: espíritu, alma y cuerpo (1 Tesalonicenses 5:23), tres manifestaciones del mismo ser, como Dios (Padre, Hijo y Espíritu Santo). Por eso vemos que algunas enfermedades se manifiestan en el cuerpo pero su origen es psicológico (del alma) como el asma o la depresión. Otras se perciben en la psique pero su raíz es espiritual como todos aquellos atados a quienes Jesús liberó. No sé qué tipo de enfermedad puedas estar sufriendo hoy: un tumor, una depresión o una alergia; quizás tienes mucho dolor en tus huesos, estás perdiendo la vista o sufres de impotencia o frigidez, o a lo mejor tienes muchísima rabia, frustración, angustia o un cansancio continuo. Puede que no seas tú sino uno de tus seres más queridos pero Dios no solo quiere sanarte hoy, Él quiere revelarte abundancia de paz y abundancia de Su verdad. Y yo quiero invitarte a asirte a esa promesa, a aferrarte con todo tu espíritu al Suyo. A declarar, esperar y anticipar sanidad, medicina, cura. Decláralo, confiésalo, créelo hasta que sientas *abundancia de paz y de verdad.* Él puede y quiere hacerlo, pero debes creerlo con cada célula de tu ser, con cada pensamiento, en cada pestañear, en cada respiración. Después de todo, la sanidad que necesitas no es nueva ni difícil para Él:

"Y cuando llegó la noche, trajeron a él muchos endemoniados; y con la palabra echó fuera a los demonios, y sanó a todos los enfermos;"

Mateo 8:16

Oración: Poderoso Señor, sáname, sálvame y líbrame. Clamo a Tu preciosa Sangre para que venga sobre mi espíritu, mi alma y mi cuerpo. Tú sanas todas mis enfermedades y toda opresión, dolencia y espíritu de enfermedad huye de mí ahora, en el Nombre de Jesús. Gracias porque así está hecho.

Día 27: Necesito un toque de Jesús

"se presentó un hombre lleno de lepra, el cual, viendo a Jesús, se postró con el rostro en tierra y le rogó, diciendo: Señor, si quieres, puedes limpiarme. Entonces, extendiendo él la mano, le tocó, diciendo: Quiero; sé limpio. Y al instante la lepra se fue de él."

Lucas 5:12b-13

A este hombre lleno de lepra, no le importó poner su rostro maltratado sobre la reseca tierra para postrarse ante Jesús y hacerle un hermoso ruego: *"si quieres, puedes limpiarme."* Hay dos cosas que me impactan sobremanera acerca de la fe de este hombre. Primero el hecho de que no le dijo "si puedes" sino que le dijo: "si quieres." Estaba enfermo y seguramente sufría un fortísimo rechazo social pero también sabía que Jesús tenía el poder para sanarlo (limpiarlo) completamente. Segundo, él no le hizo al Señor la pregunta: ¿puedes limpiarme? sino más bien hizo una afirmación, una declaración de fe a Jesús: "[yo sé que] si quieres, puedes limpiarme." Seguramente este leproso, como todos los demás de su tiempo, portaba una campana que sonaba al caminar para advertir a todos que se alejaran del desagradable espectáculo: un "inmundo" se acercaba (Levítico 13:8) y, de acuerdo con la ley, si alguien lo tocaba o incluso hacía contacto con algo que aquel tocó, se hacía igualmente inmundo. La respuesta de Jesús no se hizo esperar y demuestra su amor y poder sobrenatural. Aunque pudo haberlo sanado sin tocarlo (para no hacerse inmundo según la ley), intencionalmente "extendiendo él la mano, le tocó, diciendo: Quiero; sé limpio." Entonces pasó algo maravilloso: Jesús no se hizo inmundo sino que el leproso fue restaurado.

¿Sientes a veces como que algo está "inmundo" en tu corazón? Quizás sea por algo que hiciste o por el contrario, te hicieron; o cometiste un grave error o alguien abusó de ti, y el solo recuerdo de esa situación te causa frustración, odio y vergüenza. A lo mejor una severa adicción te ha separado de aquellos que amas; quizás un fracaso financiero, profesional o matrimonial permanece clavado como flecha en tu alma, y te causa todavía mayor dolor sacarla. Puede ser que te hayas alejado de Dios porque te crees indigno de Él pero te tengo una buena noticia: Jesús puede y quiere limpiarte, ahora. No por tu dignidad sino por la de Él. Busca ahora mismo un lugar a solas y, al igual que este hombre, póstrate y dile sinceramente: "Señor, si quieres, puedes limpiarme." Sé que te tocará y Sus palabras retumbarán también en lo profundo de tu alma: "Quiero; sé limpio."

> *"Ya vosotros estáis limpios por la palabra que os he hablado."*
>
> Jesús en Juan 15:3

Oración: Bendito Jesucristo, yo recibo Tu limpieza y sanidad ahora, en el Nombre de Jesús. Recibo Tu sanidad en mi cuerpo y en mi alma. Todo dolor, toda dolencia, toda opresión, toda ansiedad y depresión se van, en el Nombre de Jesús. Gracias porque sé que oyes mi oración.

Día 28: Hoy me glorío en Él

"En Jehová se gloriará mi alma; Lo oirán los mansos, y se alegrarán."

Salmos 34:2

Cuando pienso en que no solo puedo amar a los míos sino que además puedo deleitarme en ese amor porque puedo ver a mis hijos jugar (gracias a que tengo ojos), puedo abrazar a mi esposa y besarla (porque tengo brazos y boca), y puedo además proveer para ellos gracias a la salud, trabajo y vida que Dios pone en nosotros. Cuando le hablo a alguien y siento que Dios habla a través de mí, y observo que la vida de esa persona es transformada por el poder y el amor del Espíritu Santo. Cuando veo como cada dificultad pasada ha sido de preparación para una bendición presente. Cuando recuerdo como Dios nos ha ido llevando a diferentes lugares y en todos hemos hallado gracia y favor, amigos que son como hermanos. Cuando veo el arcoíris en las nubes siempre cambiantes o un pez en un estanque. Cuando hago todas estas cosas no puedo hacer nada más que darle gracias y gracias y más gracias a Jesús porque ha sido tan generoso, tan desapegado, tan dulce, tan protector. Padre y amigo, mentor y hermano, quien me consuela pero también me desafía, quien me protege pero me empuja a avanzar, el Cordero y el León. Por eso David agradecido decía "no hay bien para mí fuera de Ti" (Salmos 16:2b).

Es muy recomendable que busques a Dios cuando tus proyectos salen mal pero ¿a quién buscas cuando tus planes prosperan y florecen, cuando todo va bien? Hoy me uno al Salmista y te invito a que en cada circunstancia, buena o mala, éxito o fracaso, en paz o en pruebas, en la cima y en el hoyo, en tu zona de confort o la de crecimiento, te glories solo en Dios. Por ejemplo, si tu trabajo se trata solo de ti y de tu capacidad y éxitos alcanzados, busca la manera de trasladarle esa gloria a Dios. ¿Hay abundancia de bienes en tu casa? Entonces gloríate en tu proveedor. ¿Tienes una familia sana? Gloria a Dios, muchos no. Él es la raíz de todo bien. Qué bueno que seas tan capaz pero ¿quién te dio esa inteligencia? Tienes muchos dones pero ¿de quién provienen? Él los puso dentro de ti desde en el vientre de tu madre (Salmos 139:13). Observa como la Palabra es cierta: Cuando alguien reconoce que todo lo bueno viene de Dios y lo glorifica, los rebeldes y autosuficientes se molestan, porque les duelen sus egos, pero los mansos, libres de la altivez y de arrogancia, ellos "se alegrarán." Esa es la diferencia entre el creyente y el que no: obediencia y no rebeldía, humildad en vez de arrogancia, Él primero en vez de yo primero. Por eso Juan el bautista dijo:

"Es necesario que él [Jesús] *crezca, pero que yo mengüe."*

Juan 3:30

Oración: Padre Santo, hoy hago un inventario de cada bendición y tomo un minuto para darte gracias. Yo sé que cada buena cosa en mi vida tiene un único origen: Tú.

Día 29: Hoy busco a Dios, y lo hallo

"y me buscaréis y me hallaréis, porque me buscaréis de todo vuestro corazón."

Jeremías 29:13

Dios no es una religión a quién se encuentra en rituales ni una lista de instrucciones morales creada con el fin de diferenciar a los buenos de los malos. Aquellos que inventaron las religiones junto a todos los que las siguen, sencillamente no lo conocen sino que lo suponen; lo consideran una entidad lejana en vez de un Padre cercano; un ser etéreo y no Aquel que por amor se entregó a Sí mismo, una fuerza poderosísima pero sin sentimientos. Pero acá vemos que aún desde antes del sacrificio de Jesucristo para reconectarnos con el Padre, el Señor ha deseado que tú y yo le busquemos. Él desea ser hallado porque Su amor por nosotros es infinito. El Espíritu Santo quiere que tengamos comunión con Él; quiere relación, amistad, cercanía y no solamente pedidos y reclamos. Él no es un Dios de domingos, de cuando estamos asustados ni de cuando no tenemos otra opción. Debemos procurar conocerlo, anhelarlo, buscarlo siempre "de todo nuestro corazón."

Dios no se impresiona con nuestras obras de caridad ni con nuestra moral, por nuestra muy vana palabrería, por las tantas veces que a la ligera decimos "Dios te bendiga" ni por oraciones balbuceadas como mantras mientras nuestra mente está enfocada en otra cosa. Él quiere nuestra mente, nuestro corazón, nuestra voluntad y fuerzas (Marcos 12:30). Él te creó y dio Su vida preciosa por ti y por mí, arriesgándolo todo, sacrificándolo todo; por eso es digno de que lo amemos, que busquemos y conozcamos y, solo cuando esto ocurra, lo encontraremos. Eso me encanta de Jesús, no lo puedes engañar, manipular ni hacer que te tenga lástima. El Señor conoce tu potencial y sabe que puedes lograr grandes cosas de modo que tus quejas y excusas no lo mueven a intervenir. Él nunca va a decir de ti: "pobrecito." Dios confía en ti y sabe que con Su ayuda, tú siempre puedes salir adelante y viceversa, sin Su ayuda, no (" . . . porque separados de mí nada podéis hacer," Juan 15:5). Dios sabe exactamente lo que hay en tu corazón y si no lo buscas con sincero anhelo ("de todo tú corazón"), sencillamente no Lo encontrarás. Con Dios no hay atajos y Él detesta la hipocresía así que empieza a amarlo ahora mismo, exaltando Su nombre y agradeciéndole por todas las cosas que solo Él te ha dado y otorgado; la mayoría de ellas antes de tú saberlo.

"Pero así dice Jehová a la casa de Israel: Buscadme, y viviréis;"

Amós 5:4

Oración: Hoy te busco con anhelo, hoy sé que eres real Señor. Hoy te busco con todo mi corazón… Gracias porque siempre me dejas hallarte.

Día 30: Hoy alabo a mi Creador

"Así dijo Jehová: No se alabe el sabio en su sabiduría, ni en su valentía se alabe el valiente, ni el rico se alabe en sus riquezas. Mas alábese en esto el que se hubiere de alabar: en entenderme y conocerme . . ."

Jeremías 9:23-24a

Es bueno ser sabio, valiente o rico, si entiendes que eso no viene de tu propia mano sino que es Dios quien te lo otorga. Es bueno abundancia de todo bien si entiendes que es prestado y que debes usarlo apropiadamente. Vivimos en un mundo donde la vanidad es vista como virtud y la arrogancia como auto confianza, aunque bíblicamente ambas son simplemente rebelión. Por eso vemos al deportista que cuando anota un buen tanto, se golpea el pecho mientras grita con jactancia primitiva, y también observamos a las estrellas de la música o de la actuación ser literalmente "adoradas" mientras posan inmóviles como estatuas para sus admiradores. No creo que sean malos el éxito ni la fama. Al contrario, permiten influir sobre otras personas y futuras generaciones pero la prepotencia del que dice "todo esto lo logré yo solo, por mis propias fuerzas y habilidades," le quita la gloria a Aquel que te creó, Aquel que fue quien puso esos talentos en tu alma y te hizo nacer en cierto lugar y bajo ciertas condiciones. Él te planeó desde mucho antes de que nacieras (Isaías 43:7).

Dios está en la búsqueda de corazones agradecidos, que si bien reconocen que su propio esfuerzo los ayudó a alcanzar el éxito, también entienden que fue Dios quien puso las bases, la semilla y quien les ha acompañado en el proceso, regándola. Qué bueno que seas inteligente pero ¿de adonde viene ese don? Es extraordinario que seas capaz de lograr grandes cosas pero ¿escogiste tú esas cualidades o te fueron otorgadas? Es por eso que aquí el Señor te dice que no te alabes en lo que tienes, sino en el hecho de que entiendes y conoces a Aquel que te lo dio. Si vas a jactarte hazlo basado en tu relación con Aquel que te creó. Dios te dice hoy: "¿Quieres ser sabio, valiente y rico? Entiéndeme (lee mi Palabra) y conóceme (busca Mi Presencia), solo entonces alábate pero en Mí, en que me conoces y me entiendes, en que disfrutamos de una tierna amistad, en el hecho de que sabes que solamente Yo Soy tu Creador y que no hay otro delante de Mí. Yo soy tu Redentor, tu Dios, tu único y suficiente Señor, tu Abba Padre." Testimonio, testimonio, testimonio . . .

> *"Más el que se gloría, gloríese en el Señor; porque no es aprobado el que se alaba a sí mismo, sino aquel a quien Dios alaba."*
> 2 Corintios 10:17-18

Oración: Abba, aunque me suene un poco raro, hoy me alabo en Ti. Quiero poder conocerte más, aprender más de Ti, ser transformado para poder jactarme, pero no de mí sino de Ti. Eres maravilloso. Gracias Señor.

"Yo soy la vid, vosotros los pámpanos; el que permanece en mí, y yo en él, éste lleva mucho fruto; porque separados de mí nada podéis hacer."
Juan 15:5

Padre, solo Tú renuevas las ramas de mi alma,
Hazme retoñar, florecer y dar fruto . . .

Día 31: Atesoro tu mandamiento

"No harás para ti escultura, ni imagen alguna de cosa que está arriba en los cielos, ni abajo en la tierra, ni en las aguas debajo de la tierra."

Deuteronomio 5:8

Los mandamientos son advertencias, no amenazas. Cuando le ordenas a tu hijo que no juegue pelota en la acera de esa calle transitada, no es para quitarle el placer de jugar sino para proteger (y probablemente salvar) su vida. Cuando instruyes al adolescente a que no beba o que lo haga con muchísima moderación, no lo estás reprimiendo, lo estás protegiendo y evitándole una potencial adicción. Dios te ama tanto que no solo te creó sino que además te compró, con Su propia vida. Debemos ver los mandamientos libres de las rigideces religiosas que solo encuentran castigo y condenación en todas partes. Todo buen padre les pone límites a sus hijos a través de sus instrucciones y mandamientos, no para satisfacer su ego ni sentirse superior sino por el bien de aquellos.

Después de la caída espiritual del ser humano en el Jardín del Edén, vino la muerte espiritual y perdimos la comunión con Dios, por eso ahora solamente podemos percibir lo natural, aunque todos intuimos ese mundo más real y eterno. El acceso al mundo espiritual del que disfrutaban Adán y Moisés, entre otros, se cerró por la rebelión de la humanidad. Por eso es común que los seres humanos busquemos representar a Dios de una manera visible, para palparlo físicamente y concebir físicamente aquello que es etéreo e invisible, pero cuando te haces una imagen de Dios, no lo ofendes sino lo limitas. La orden del versículo continúa: "No te inclinarás a ellas ni las servirás; porque yo soy Jehová tu Dios, fuerte, celoso, . . ." (Verso 9). No se trata de que Dios sienta inseguridad y necesite controlarnos o dominarnos para sentirse tranquilo. Se refiere a Su anhelo desesperado de bendecirnos y de cuidarnos. No sé cómo te sentirías tú pero yo me entristecería si mis hijos, en medio de un problema, buscaran ayuda en el vecino en vez de en mí. ¿Acaso puede ese vecino amarlos más o aconsejarlos mejor que yo? No lo creo. También Dios sabe que solo Él nos puede sacar adelante, que solo Él mismo es el Camino, la Verdad y la Vida (Juan 14:6) y que sin Él estamos perdidos y nada podemos hacer (Juan 15:5). Su celo viene cuando la preciosa vida que nos entregó está bajo amenaza de destrucción por nuestra ignorancia y no Le permitimos actuar para ayudarnos. Dios te ama, abre las cortinas y deja que Su luz te alumbre:

> *"¿O pensáis que la Escritura dice en vano: El Espíritu que él ha hecho morar en nosotros nos anhela celosamente?"*
>
> Santiago 4:5

Oración: Hoy me aparto de toda forma de idolatría Señor Jesús. Hoy renuncio a entristecer Tú alma confiando en ídolos que no pueden ayudarme. Hoy te busco solo a Ti. Gracias por amarme celosamente.

Día 32: Hay eternidad dentro de mí

"Todo lo hizo hermoso en su tiempo; y ha puesto eternidad en el corazón de ellos, sin que alcance el hombre a entender la obra que ha hecho Dios desde el principio hasta el fin."

Eclesiastés 3:11

Tu corazón percibe la eternidad porque está dentro de él. Algo en tu alma sabe con certeza que nunca morirás y, como el perrito que se agita cuando el amo le presta atención, tu espíritu se emociona e inspira cuando tomas tiempo y escarbas un poco más profundo . . . Por ejemplo, las mariposas abundan en muchos lugares pero algo pasa cuando tomas un tiempo para observar de cerca a una en especial. Se abre una pequeña puerta hacia tu eternidad. Lo mismo pasa con un amanecer o un cielo estrellado. Cuando enfocas toda tu atención, el siguiente nivel de existencia se abre para ti. Observa en silencio a tus hijos mientras juegan en el parque; si te enfocas comprobarás que son mucho más que pequeños seres que se ríen y gritan, tienen eternidad, la misma vida de Dios habitando en ellos. Una escala musical, una fórmula matemática, un verso bíblico; todas son pequeñas llaves que abren puertas a la inmensa eternidad que habita en tu corazón. Pero necesitas meditar, atender, ver más allá de lo obvio. Jesucristo nos enseñó este principio, por eso al finalizar sus profundas (aunque a primera vista simples) parábolas, declaraba: "El que tenga oídos para oír, oiga," (Mateo 4:9).

No te quedes en la superficie. Existen múltiples manifestaciones de la grandeza de Dios ocultas en lo cotidiano. Jesús dio el ejemplo: Aquel en quien habita la plenitud de la Deidad (Colosenses 2:9) era, a primera vista, un simple carpintero, de modo que los maestros de la ley que a diario estudiaban sobre Él, que discutían sobre cómo sería el Mesías y profetizaban acerca de la fecha de su venida, no pudieron reconocerlo. Como quien busca los lentes que tiene puestos, estaban demasiado ocupados en lo que esperaban, en lo visible y aparente, no en lo verdadero. Por eso no pudieron detectarlo. Estaban más enfocados en el marco que en el lienzo que éste contiene. Es por eso que las personas "superficiales" son las más infelices y vacías aunque alcancen éxito, fama, poder y riquezas. Nada realmente valioso se logra viviendo solo en la capa externa de tu existencia porque Dios ha puesto eternidad dentro ti. Recuerda que tu ciudadanía no es terrenal sino celestial (Filipenses 3:20). Él puso un plan glorioso y único en tu alma que solo comenzará a develarse cuando estés atento a Su grandeza. Aparta las distracciones banales y enfócate en Él. Así lo planeó Dios:

"Buscad y hallaréis." Mateo 7:7

Oración: Señor, enséñame a mirar a través de Tus ojos. Quiero ver como Tú ves, quiero que me duela lo que Te duele y me regocije en lo que Te agrada. Abre mis ojos, mis oídos, quiero entenderte Papá. ¡Muchas gracias!

Día 33: Hay eternidad dentro de mí

"Todo lo hizo hermoso en su tiempo; y ha puesto eternidad en el corazón de ellos, sin que alcance el hombre a entender la obra que ha hecho Dios desde el principio hasta el fin."

Eclesiastés 3:11

El Libro de Génesis dice que Adán y Eva fueron creados a la imagen de Dios. Creo que una de las características divinas que más nos asemeja al Padre, es la semilla de eternidad que Él ha puesto en nuestros corazones. Al menos en el mundo natural terrestre, solo los seres humanos disponemos de esa capacidad pero, al igual que una semilla guardada en una bolsa o abandonada en una gaveta, aunque contiene vida adentro, no puede crecer. Con demasiada frecuencia nuestra eternidad se mantiene oculta, atrofiada, "no echa raíz," pero eso no significa que no exista. La esencia aún está allí, aguardando que la riegues y la saques a la luz del sol. Y allí esperará mientras vivas. ¡No esperes más!

No hay pregunta más relevante para tu vida que esta: ¿qué quiere hacer Dios conmigo? He conversado con personas cercanas a la muerte y ninguna de ellas estaba interesada en lo superficial o lo material. Ninguna se consoló en los bienes que obtuvo o la marca del traje que alguna vez lució. Lo que anhelan es más tiempo; tiempo para amar, tiempo para darse a otros y hacer cosas realmente importantes como un abrazo, un paseo en bicicleta o salir a pescar. ¿Existirá algo más relevante que dar y recibir amor? Estas personas anhelan haber tenido una vida más trascendente, relevante, un final lleno de satisfacción, un logro verdadero, no superficial. Les duele mucho el tiempo perdido y darían cualquier cosa por recuperarlo. Parece que solo en ese momento nos percatamos de que nada hemos traído y nada nos llevaremos. Debemos sensibilizarnos a la voz de esa eternidad que Dios puso en cada uno de nosotros, en cada corazón, sin excepción. Aprendamos a escuchar la voz del Espíritu Santo mientras observamos los acontecimientos "banales" de cada día, para poder evaluarlos tras Su lente. ¿Qué te preocuparía si fueras a morir hoy? No pierdas más tiempo distraído por los flashes, anhelando alimento donde no existe ni aliento donde no lo hay. Vive un día a la vez, enfocado en Cristo. Medita en cuánta bendición das, cuánto bien haces, cómo puedes ser mejor, cómo podrías dar más, y percibir así más de Su gloria. Ya sal de la superficie, métete en lo profundo, sumérgete en Dios porque nada de lo que crees tener, te pertenece:

"porque nada hemos traído a este mundo, y sin duda nada podremos sacar."

1 Timoteo 6:7

Oración: Padre, quiero ser veraz, real, auténtico, exactamente como Tú me creaste, para alcanzar todo aquello para lo que me creaste según la forma que Tú lo planeaste. Sácame la vanidad, la arrogancia, la superficialidad, para siempre. ¡Límpiame Señor Jesús!

Día 34: Hay eternidad dentro de mí

"Y entrando en una de aquellas barcas, la cual era de Simón, le rogó que la apartase de tierra un poco; y sentándose, enseñaba desde la barca a la multitud."

Lucas 5:3

La barca es la fuente de ingresos de Simón (Pedro) y el principal activo de su negocio pero el Señor no quiere usarla solo para pescar sino para predicar, y para eso le pide que la aparte un poco de la tierra, de lo terrenal, temporal. Dios quiere que todo en nuestra vida tenga impresa Su huella y se rija por lo espiritual, por eso Filipenses dice que oremos en todo tiempo. Tú no eres un cuerpo con un alma sino un espíritu que vive en tu cuerpo, interconectado a través de tu alma (psique). Tú verdadero tú es invisible en la tierra y Dios lo creó con un plan que comenzó mucho antes y seguirá mucho más allá de tu vida física. Pablo explica que "todo nuestro ser [es] espíritu, alma y cuerpo," (1 Tesalonicenses 5:23) en ese orden, definiendo así la jerarquía y preponderancia de lo espiritual sobre lo natural, por eso algunos llaman al mundo espiritual sobre-natural. Jesús también dijo que lo atamos en la tierra será atado en los cielos, de modo que existe una correlación entre ambos ámbitos; no puedes actuar en uno sin afectar al otro . . .

Tu trabajo o negocio juegan un papel clave en el plan de tu vida pero ni ellos ni tu riqueza son el objetivo de ese plan, sino los medios y recursos para llevarlo a cabo. Tu plan es espiritual pero se ejecuta a través de tu manifestación corpórea. Moisés vivió en el palacio de faraón para luego tener acceso a él; y tuvo que vivir en el desierto para poder guiar allí al pueblo. Dios no lo puso allí por tantos años para castigarlo sino para convertirlo en un poderoso profeta. José por su parte, seguramente aprendió a hablar egipcio mientras era esclavo de Potifar, y en la cárcel aprendía la cultura del reino. En la adversidad Dios lo preparaba para gobernar Egipto. Los retos que afrontó no eran para dañarlo sino para promoverlo. Juan el Bautista nació cuando sus padres eran ancianos porque solo entonces era el tiempo de anunciar a Jesús. La larga espera de sus padres tenía un profundo sentido que solo después sería revelado. Después de predicar, el Señor invitó al cansado Pedro a pescar de nuevo, y ahora la red se llenó de tantos peces que tuvo que pedir ayuda a otra barca, y compartir. Si estás en Su plan, tu vida será de bendición para otros. Como a Pedro, Dios te ruega hoy que le prestes tu barca y la apartes de la tierra, oigas Su Palabra y, solo entonces, salgas a pescar . . .

"Mas buscad primeramente el reino de Dios y su justicia, y todas estas cosas os serán añadidas."

Mateo 6:33

Oración: Espíritu Santo, quiero que seas mi prioridad cada minuto de cada día. Hoy entiendo que tienes planes específicos para mí de modo que no me comparo con nadie, y espero pacientemente mis oportunidades mientras vivo atento a Tu guía. Bendito seas Jesús de Nazaret, gracias por cada gota de Tu preciosa sangre.

Día 35: Hoy me enfoco en lo verdaderamente importante

"Porque: Toda carne es como hierba, Y toda la gloria del hombre como flor de la hierba. La hierba se seca, y la flor se cae;"

1 Pedro 1:24

Una vez, cuando confrontaba una intensa dificultad, alguien me sugirió declarar y repetirme a mí mismo: "esto también pasará." Creo que es un consejo sabio y muy poderoso porque, en medio del desierto vemos todo más seco, y frente a la desesperación, nos olvidamos de que Dios siempre ha estado con nosotros y que nunca nos ha fallado. Pero, ¿qué tal vivir un poco más conscientes de lo que todos sabemos pero la mayoría parece ignorar: que nuestra vida también pasará? Estamos tan interesados en la imagen que adoptamos para proteger nuestra vulnerabilidad delante del mundo que llegamos a creer que es real, confundiendo la ilusión con nuestra divinidad; tan preocupados por las promesas terrenales que olvidamos las celestiales; tan distraídos rindiéndole culto al éxito que ofrece el mundo que nos olvidamos de lo eterno y dejamos que la semilla de la arrogancia germine en nuestros corazones, silenciando y postergando la pregunta más importante: ¿de dónde venimos y adónde vamos?

No importa lo que hagamos, nuestra gloria pasará. No estoy proponiendo que no te esfuerces ni que abandones tus metas sino que las ensanches un poco más, hasta la eternidad. Cuando estoy ansioso por los afanes del día a día me pregunto: ¿qué impacto tendrá esto en uno o diez años? ¿Tiene sentido ésta tensión? ¿Para la gloria de quién estoy trabajando? ¿Por qué tanto estrés en lo que es temporal y tanta ansiedad en aquel que tan solo es polvo? Tú eres mucho más que ese disfraz llamado personalidad. Eres más que tu fama, tu imagen o tu aspecto físico. No eres tu cuenta bancaria y, no importa cuánto poder tengas o cuanto temor puedas infundir, ¡también tú pasarás! Tú no eres el cuerpo que observas en el espejo sino el espíritu eterno que vive temporalmente en él y, no importa cuán bien te veas hoy, ¡también pasará! Solo Jesucristo es "el resplandor de su gloria, y la imagen misma de su sustancia, y quien sustenta todas las cosas con la palabra de su poder." (Hebreos 1:3). Solo en Jesucristo tenemos trascendencia, eternidad, salvación y vida abundante. No te afanes tanto por las cosas temporales. Trabaja menos para tus planes y tu "reino" y esfuérzate más por el Suyo; menos para tu gloria y más para la Suya. Relájate, descansa en Él. Solo Él es digno, poderoso y eterno. Gloríate si, pero en el Señor:

> *"Mas el que se gloría, gloríese en el Señor; porque no es aprobado el que se alaba a sí mismo, sino aquel a quien Dios alaba."*
>
> 2 Corintios 10:17-18

Oración: Señor, quiero expandir mi mente, quiero salir de lo banal y dejar de vivir en lo irrelevante para convertirme en todo aquello para lo que Tú, con infinito amor, me creaste. No quiero defraudarte, no quiero defraudarme. Inspírame Papá.

Día 36: Yo hago todo lo que Tú quieres

"Quitado éste, les levantó por rey a David, de quien dio también testimonio diciendo: He hallado a David hijo de Isaí, varón conforme a mi corazón, quien hará todo lo que yo quiero."

Hechos 13:22

Dios dice acá algo impresionante sobre David: "Tiene un corazón conforme (con la forma) del Mío. Su corazón opera y siente como el Mío. Le agrada, le alegra y le duele lo mismo que me duele a Mí." ¿No es increíble? ¿Cómo puede un ser humano que cometió graves errores incluyendo abuso sexual y asesinato, tener el corazón semejante al de Dios? El mismo verso da la respuesta: por su obediencia: "hará todo lo que yo quiero." Dios no solo quiere lograr grandes cosas contigo, Él quiere que anheles hacerlo, y lo disfrutes. Él no solo quiere que le seas fiel a tu cónyuge sino que además aprecies lo que eso significa y seas feliz actuando así. No se trata solo de que no hurtes sino que estés contento con lo que tienes y no haya envidia en tu alma porque tu vecino se está enriqueciendo, porque solo Dios es tu proveedor. El Señor no está reconociendo a David por tener una perfecta moral, por su religión ni por sus obras de caridad sino que, de tanta comunión, el corazón del hijo comienza a parecerse al de Papá. Veamos:

Cuando Saúl comenzó a sufrir los ataques de un espíritu malo (1 Samuel 16:14-15) llamaron a David para calmarlo tocando el arpa. El reporte que un siervo del rey dio sobre David fue este: " . . . sabe tocar, y es valiente y vigoroso y hombre de guerra, prudente en sus palabras, y hermoso, y Jehová está con él." (Verso 18). Músico y poeta (salmista) pero hombre de guerra; vigoroso pero prudente en sus palabras; hermoso pero valiente. El perfecto galán de toda mujer, la envidia de todo hombre, ¡el yerno que todos queremos! ¿Cómo es posible que todas estas características habiten en un solo hombre? Porque Jehová estaba con él. Cuando era solo un chico Samuel lo ungió y "desde aquel día en adelante el Espíritu de Jehová vino sobre David" (1 Samuel 16:13). "Y cuando el espíritu malo de parte de Dios venía sobre Saúl, David tomaba el arpa y tocaba con su mano; y Saúl tenía alivio y estaba mejor, y el espíritu malo se apartaba de él" (1 Samuel 16:23). Cuando adoraba a Dios "David danzaba con toda su fuerza delante de Jehová" (2 Samuel 6:14). El rey tenía comunión diaria con Dios y disfrutaba de Su Presencia, y como el niño que aprende en compañía de papá, buscaba a Dios a diario. ¿Cómo pudo confrontar al gigantesco Goliat? Porque su corazón siempre Lo anhelaba:

"Dios, Dios mío eres tú; De madrugada te buscaré; Mi alma tiene sed de ti, mi carne te anhela, En tierra seca y árida donde no hay aguas,"

Salmos 63:1

Oración: Señor, yo quiero obedecerte y servirte. Ayúdame, aumenta mi fe. Limpia mis oídos para oír solo Tu voz y mis ojos para que vean como Tú Señor. Hoy elijo obedecerte en todo Abba.

Día 37: Hoy obedezco a Dios en todo

"Jesús le dijo: ¿Qué tienes conmigo, mujer? Aún no ha venido mi hora. Su madre dijo a los que servían: Haced todo lo que [Él] os dijere."

Juan 2:3-4

En medio de una de las más hermosas celebraciones del pueblo judío, una fiesta de bodas (unión), el vino (símbolo de gozo y alegría) se acabó. No sabemos si fue que el padre de la novia calculó mal, si llegaron algunos "colados" o si simplemente bebieron más de lo estimado, pero la fiesta estaba a punto de terminar por la falta de este apreciado fruto de la uva. María sabía bien a quién recurrir: "no tienen vino" (verso 4b) susurró al oído del Maestro. El vino en la Biblia representa fructificación y gozo, la sana vida en plenitud, placer y santidad que solo te puede dar el Espíritu Santo. Por eso vemos que la respuesta de Jesús se puede parafrasear como: "¿Cómo que no tienen vino mujer? ¿Acaso no estoy aquí? Yo Soy su verdadero gozo y todavía no ha llegado mi hora."

¿Quieres tener tú también disfrutar a diario de Su vino, de Su vida y gozo? María nos da las claves: 1) Servir ("Su madre dijo a los que servían") y 2) Obedecer Su Palabra ("Haced todo lo que os dijere). Veamos algunos detalles que permitieron a estos meseros disfrutar de un milagro fantástico: la inmediata conversión de agua en vino dentro de unos simples barriles. Cuando Jesús les dijo a estos hombres (que no eran sus discípulos) que llenaran seis grandes tinajas de agua, ellos: "las llenaron hasta arriba" (verso 7, obedecieron a cabalidad la orden aún sin saber de qué se trataba), y cuando el Maestro les instruyó que se lo llevaran al jefe de meseros (maestresala), ellos "se lo llevaron" (verso 8). De nuevo obedecieron inmediatamente, sin preguntar. Ellos no dijeron: "bueno, si se acabó el vino, se acabó la fiesta, que nos paguen porque ya cumplimos" ni tampoco: "que injusto, ahora tendremos que trabajar más repartiendo otras seis tinajas," no. A pesar del cansancio, de la rutina y de las probables molestias causadas por alguno que otro invitado impertinente, ellos obedecieron de inmediato cada instrucción, y entonces fueron testigos de un prodigio que sin duda marcó sus vidas: ¡El agua de las tinajas se convirtió en el mejor de los vinos! Si queremos ver prodigios y ser testigos del poder de Dios, debemos servirlo y obedecerlo, sin excusas y a cabalidad. Si Jesús es el Señor en tu vida, ámale con todo tu ser, sirve en Su Reino y guarda Su Palabra. Solo así podrá Él cumplir Su maravilloso deseo de traer los Cielos a la Tierra para morar contigo, dentro de ti:

"Respondió Jesús y le dijo: El que me ama, mi palabra guardará; y mi Padre le amará, y vendremos a él, y haremos morada con él."

Juan 14:23

Oración: Espíritu Santo de Dios, yo anhelo con todo mi corazón que mi ser se convierta en Tu morada según Tu Palabra. Ayúdame a obedecerte para que yo pueda alcanzar todos Tus sueños.

Día 38: Hoy hago la voluntad de mi Padre

"El que quiera hacer la voluntad de Dios, conocerá si la doctrina es de Dios, o si yo hablo por mi propia cuenta."

Juan 7:17

Jesús está cercano a celebrar Su última pascua como hombre en esta tierra y hay una gran división: unos lo siguen como el Mesías mientras muchos otros le rechazan y acusan afirmando incluso que Su poder viene de belcebú o satanás. ¿Cómo es posible que personas del mismo pueblo, con la misma cultura y valores tan homogéneos y marcados en esos días, tengan opiniones completamente opuestas sobre el Señor? Jesús nos da la respuesta en este verso: porque solo aquel que quiere hacer la voluntad de Dios puede conocer (entender, recibir revelación) de que Jesús es enviado por Dios. Las personas que no quieren hacer la voluntad de Dios simplemente no pueden conocerle. ¿Te indignas a veces y discutes con aquellos que dicen que Jesús y María Magdalena eran amantes, que juntos tuvieron un hijo o incluso que el Maestro era homosexual? ¿O con aquellos otros que lo consideran igual a Buda, Sai Baba y Krishna, o que dicen que no era el Señor sino más bien un ángel, un extraterrestre o un profeta? ¿Eres de los que se enfrascan en largas discusiones argumentando a favor del Señor, con celo por su Nombre? Bueno, la realidad es que muchas personas rechazan a

Jesucristo hoy en día y nuestra Insistencia, discusiones y argumentos no las van a cambiar. Probablemente surtan el efecto contrario, les induce a aferrarse más a su incredulidad al ver nuestra obstinación. ¿Por qué? Porque éstas personas no están interesadas en conocer (entender, recibir revelación) la voluntad de Dios. Por eso demandan detalladas explicaciones para sus preguntas rebuscadas.

A veces pregunto cosas simples como por ejemplo, si venimos de la evolución del mono, ¿por qué todavía existen los monos? o, si Jesús era un profeta o un ángel pero no el Hijo de Dios, ¿por qué afirmó serlo? ¿Mentiría un profeta o un ángel? Y las respuestas que con frecuencia recibo son tan rebuscadas que pienso que se necesita mucho más fe para creerlas que para aceptar la Creación o a Jesús. Entonces recuerdo este verso. Cuando la persona solo tiene una curiosidad personal, un deseo teórico de saber de Dios (pero no de conocerlo) o un interés más bien "mágico" en que Dios le proteja o le bendiga, prefiero invertir mi tiempo orando a solas por esa persona, pidiéndole a Dios que abra sus ojos:

> *"en los cuales el dios de este siglo cegó el entendimiento de los incrédulos, para que no les resplandezca la luz del evangelio de la gloria de Cristo, el cual es la imagen de Dios."*
>
> 2 Corintios 4:4

Oración: Padre Santo, abre mis ojos para conocerte. Yo quiero conocer Tu voluntad Señor. Quita de mis ojos las vendas del dios de este siglo que me ciegan. Quiero ver como Tú ves. Gracias Jesús.

Día 39: Hoy ensancho mi corazón

"Nuestra boca se ha abierto a vosotros, oh corintios; nuestro corazón se ha ensanchado. No estáis estrechos en nosotros, pero sí sois estrechos en vuestro propio corazón."

2 Corintios 6:11-12

Es impresionante ver como se nos dificulta tanto mostrar afecto y compasión aún a nuestros seres más queridos. ¡Tenemos tanto miedo a exhibir nuestra vulnerabilidad que nos disfrazamos de insensibles! Los gigantescos astros dependen unos de otros para orbitar pero nosotros nos creemos independientes. Somos incapaces de suspender los latidos de nuestro corazón por solo algunos segundos, pero nos creemos autosuficientes. ¿Cómo es posible que tanto conocimiento nos haga tan ignorantes? Sabemos que un día nuestro cuerpo morirá pero vivimos como si fuera eterno. Vivimos "hacia adentro," centrados y encerrados en nosotros, como el niño pequeño que por su inmadurez solo procura su propia satisfacción, incapaz de percibir las necesidades de otros. Pero lesionar a otro es como enterrarnos una uña en el ojo, mordernos la lengua o insultar al espejo. De la misma forma que muchas personas que fueron abusadas o maltratadas terminan odiándose y agrediéndose a sí mismos por la falta de amor recibido, los seres humanos nos maltratamos unos a otros, destruyendo la Creación de Dios, mientras creemos estar defendiéndonos. Pero no tenemos razón para esa conducta porque somos muy amados. Tanto que Jesús murió por nosotros.

Pero es fácil ver como las hojas se interconectan a través de las ramas; y las ramas a través del tronco; y éstos a través de la tierra, la brisa, el sol y los insectos. Y como los ríos dependen de la lluvia, los océanos de los ríos y la lluvia de los océanos, y como éstos son atraídos por la luna. Al igual que las células de nuestro cuerpo, somos fracciones de algo infinitamente mayor, y nos urge ensanchar nuestros corazones para entenderlo, abarcarlo y disfrutarlo. Despertar a la realidad de que no somos entidades individuales sino interdependientes, que no somos enemigos sino complementos, que no somos amenazas sino apoyos y soportes el uno del otro; que todos somos parte del mismo universo, de la misma creación y que si te daño a ti, daño a la misma creación de la que formo parte. No perdamos tiempo, ensanchemos nuestros corazones y almas, nuestra humanidad para corresponderle a Dios del mismo modo:

"Pues, para corresponder del mismo modo (como a hijos hablo), ensanchaos también vosotros."

2 Corintios 6:13

Oración: Bendito Jesucristo, te ruego me ayudes a amar a otros, a ensanchar mi corazón para cobijar bajo Tu manto a aquellos a quienes me cuesta amar. Bendice a toda la humanidad Padre Santo. Gracias porque Tu mano está sobre toda la tierra.

Día 40: Hoy ensancho todo mi corazón

"Nuestra boca se ha abierto a vosotros, oh corintios; nuestro corazón se ha ensanchado. No estáis estrechos en nosotros, pero sí sois estrechos en vuestro propio corazón."

2 Corintios 6:11-12

¿Cuándo fue la última vez que le diste reconocimiento a tu cónyuge, a alguien de tu equipo, a un compañero o incluso a un desconocido? ¿Cuándo fue la última vez que, a pesar de las carreras del día a día, te percataste de algo hermoso? ¿Cuándo fue la última vez que hiciste una pausa para meditar, para agradecer, para respirar . . . ? ¿Y para pedir perdón? ¿Cuándo fue la última vez que lo realmente importante prevaleció sobre lo menos importante? ¿Cómo te sentiste? . . .

A veces mi corazón me recuerda a la tortuga que, al menor ruido, se encierra dentro de su duro caparazón. Allí se siente segura pero no puede ver nada, se cree protegida pero realmente está paralizada, no puede avanzar. Tú no fuiste creado por Dios para encerrarte en una almeja cuyas paredes internas anuncian: "conocido, sin riesgo, indoloro." Probablemente allí estarás seguro pero ¡en el fondo del mar! Pablo y sus discípulos ensancharon su corazón para los corintios, pero éstos estaban estrechos, cerrados, desconfiaban; les costaba recibir y mostrar amor. A pesar de todo lo bueno que recibían de Pablo y sus acompañantes, a pesar de todo el poder del Evangelio en acción, ellos se mantenían cerrados, dudosos, inseguros. No estrechemos nuestros corazones, no retengamos el halago a nuestra pareja, no ignoremos la bendición que representan nuestros hijos, no neguemos ayuda ni palabras de aliento al que batalla o consuelo al que está afligido. Para eso somos la luz del mundo (Mateo 5:14), para iluminar, para brillar cuando la oscuridad reina, para mantener verde la esperanza cuando para muchos ya se ha secado. Cuando un hijo de Dios llega a un lugar el ambiente espiritual debe cambiar del mismo modo que la tierra seca cuando llovizna. No des por sentado que tus ojos puedan ver o que tus pulmones respiran porque no es por tu voluntad sino por la de Uno mayor que tú. No asumas que el tiempo nunca se acabará porque ciertamente un día partirás. Agradece, bendice, sácate el miedo, atrévete a ser vulnerable, solo así crecerás. Abre tu corazón para amar, tu mente para entender, tus ojos para despertar, tu boca para bendecir, tu mano para dar. ¡Ensánchate, transforma al mundo!

"Pues, para corresponder del mismo modo (como a hijos hablo), ensanchaos también vosotros."

2 Corintios 6:13

Oración: Padre, quiero portar en mi Tu Santo Espíritu de modo que adonde yo llegue, llegues Tú conmigo. Que pueda yo animar a mi cónyuge, a mis hijos y a todo aquel con quien contacte. Que sea yo un instrumento de Tu bien y de Tu luz Señor Jesús.

Día 41: Hoy entiendo Tu lenguaje

"¿Por qué no entendéis mi lenguaje? Porque no podéis escuchar mi palabra."

Jesús en Juan 8:43

Recientemente, en un parque cerca de casa, quise conversar con una gentil señora cuyo nieto jugaba activamente con mi hijo Daniel, pero ella solo alcanzó a decirme: "Vengo Rusia, Rusia, solo ruso" y claro fue imposible comunicarnos porque yo no conozco ese idioma. Me hubiera encantado haber sido capaz de hablar su lengua. Parecía una persona muy agradable y los niños se cayeron bien. Pude haberla ayudado un poco y, quien sabe, hasta hacernos amigos de la familia pero, si no sabes comunicarte con alguien, es difícil que nazca una amistad; si no puedes compartirle lo que piensas o prefieres, ni saber lo que esa persona siente o aspira, no hay mucho que disfrutar juntos. No puedes enseñarle ni aprender de ella. Algo parecido sucede en ésta cita donde Jesús le explica a los religiosos por qué no lo entienden: simplemente no hablan Su idioma. A pesar de que el Maestro se esforzaba por explicar Su mensaje de Vida de la manera más simple posible usando parábolas, historias de reyes, de aves del campo y ovejas, ellos no le entendían. Hoy día algunas personas pasan largos ratos supuestamente hablando con Dios pero sus oraciones producen pocos resultados (como la señora rusa y yo). Es porque le hablamos a Dios en nuestro lenguaje terrestre, natural, limitado, en vez de hablarle a Él en el suyo. Es imperativo que comencemos a hablar el lenguaje de Dios, que nos ensancha y expande, y no pretender que Él se adapte al nuestro, que nos limita y limita que obre en nuestras vidas.

Ahora bien, la mejor manera de aprender un nuevo idioma es estudiarlo y hacer amistad con personas que hablen esa lengua, y con Dios pasa lo mismo. Su lenguaje se aprende estudiando Su Palabra y pasando tiempo con Él. Y mientras más aprendes, la comunicación fluye más fácil y clara, la relación se fortalece y esa amistad influye en ti. No solo entiendes el lenguaje de Dios, que es la fe, sino que también te llenas de ella. No solo conoces Su Palabra sino que la aplicas a ti, a tu vida, a tu matrimonio, a tus hijos, entendiendo que esa Palabra es Cristo y es real y que se cumple siempre, sin excepción. Entonces tus oraciones se hacen frescas, sencillas, sinceras pero sobre todo poderosas y puestas al servicio de Él. Solo así ambos (Dios y tú) entienden claramente lo que el otro quiere decir. ¡Gloria al Dios vivo! Solo así serás de Él y podrás oír Su Palabra:

"El que es de Dios, las palabras de Dios oye; por esto no las oís vosotros, porque no sois de Dios."

Juan 8:47

Oración: Santo Señor, abre mi mente y mis oídos para entender Tu lenguaje, para ver los retos como los miras Tú, como oportunidades que contigo siempre son superables. Quiero hablar Tu lenguaje porque yo soy tuyo y Tú eres mi Papá. Gracias Señor.

Día 42: Hoy hablo solo lo que habla mi Padre Celestial

"Y sé que su mandamiento es vida eterna. Así pues, lo que yo hablo, lo hablo como el Padre me lo ha dicho."

Juan 12:50

El concepto de ser "libre" en el mundo implica hacer lo que nos venga en ganas incluyendo, si es posible, actuar por encima de la ley. Por eso nos afanamos en obtener dinero y poder, de modo de poder hacer nuestra voluntad sin limitaciones. Por eso admiramos a los ricos y famosos que pueden hacer su propia voluntad (a pesar de que las vidas de muchos de ellos son desastrosas). Pero Jesús tiene una actitud diferente: Él elige estar bajo la ley, absolutamente obediente a los mandamientos del Padre porque ellos producen vida eterna, y nos da el ejemplo obedeciéndole en todo, incluso en cada palabra que habla. Él es el Rey de reyes y Señor de señores, es mayor que todo nombre que se nombra, la plenitud de la Deidad hecha hombre, y sin embargo, la clave de Su éxito, de Su poder, de Su libertad es la obediencia. Por eso Salomón dice en Proverbios 19:16 "El que guarda el mandamiento guarda su alma . . ." De la misma forma como cada niño es bendecido al obedecer a un papá sabio y amoroso, la obediencia a Dios nos beneficia a nosotros. Dios la exige por nuestro bien, no para el suyo. Él no necesita satisfacer Su ego. Él es humilde y sin complejo alguno.

Aunque parezca muy difícil, tú y yo estamos llamados a hacer lo mismo. ¿Quieres que te vaya bien? Obedece Sus mandamientos. ¿Quieres libertad? Atiende a Sus instrucciones y estatutos. No solo a los diez mandamientos de Moisés sino a toda Su Palabra. Por ejemplo Pablo nos ordena que ninguna Palabra corrompida salga de nuestra boca, sino la que edifique y produzca gracia en los oyentes (Efesios 4:29). Algunas veces hablamos sin evaluar lo que estamos diciendo, dejando a las palabras fluir sin filtro, murmurando sobre quienes no conocemos, agregando nuestra opinión y crueles comentarios al análisis colectivo de aquello que ¡no sabemos!, en fin, juzgando a otros con vergonzosa libertad, pero Jesús dijo claramente que Él no juzga a nadie. Pidámosle a Dios que Su Espíritu Santo nos recuerde y aún nos avergüence cuando caigamos en esa trampa. Erradiquemos con Su ayuda las palabras que se oponen a Su Palabra. Necesitamos vivir alineados con Dios para poder ser libres. Jesús tenía el conocimiento para proferir palabras de juicio y de condena contra cada uno de nosotros pero no lo hizo . . . La clave, como siempre, es la comunión:

> *"Porque yo no he hablado por mi propia cuenta; el Padre que me envió, él me dio mandamiento de lo que he de decir, y de lo que he de hablar."*

> Juan 12:49

Oración: Padre Bendito guía mis Palabras, limpia mi boca para que solo pronuncie mensajes en Tu idioma: Fe. Ayúdame a filtrar lo que digo a través de Tu Espíritu Santo. No quiero hablar inmundicia, maldición, amargura ni desaliento sino fe, y quiero usar Tu Palabra para bendecir, restaurar, animar y confortar a otros.

Día 43: Hoy le creo a Dios cada Palabra

"Y ahora quedarás mudo y no podrás hablar, hasta el día en que esto se haga, por cuanto no creíste mis palabras, las cuales se cumplirán a su tiempo."

Lucas 1:20

El ángel hizo lo mejor que se puede hacer con un incrédulo: ¡enmudecerlo! ¿Te has fijado cómo cada vez que alguien dice: "tengo malestar" inmediatamente otra persona comienza a lanzar hipótesis sobre la causa? "Claro, es que con este clima, o el polen, las lluvias o ese aire acondicionado . . ." Y ante un dolor de huesos o alguna dificultad para poder leer un texto pequeño, no falta quien diga: "los años no pasan en vano, ya no soy el mismo de antes . . ." Así es como a diario programamos nuestra mente para el deterioro y el fracaso. Si le asignamos una causa a aquello que nos aflige, la próxima vez que nos encontremos en situación similar, esperaremos la aflicción, ¡y con certeza vendrá! Es la cara opuesta de la fe: el temor. Por eso dijo Job: " . . . me ha acontecido lo que yo temía" (Job 3:25b) ¡Ojalá el ángel Gabriel nos enmudeciera antes de hablar así! ¿Por qué?

Porque esas palabras son falsas, son argumentos y altiveces que se levantan contra el conocimiento de Dios. (2 Corintios 10:5). Son anti bíblicas porque están en contra de la Verdad. Jesús advirtió: " . . . lo que sale de la boca, del corazón sale; y esto contamina al hombre" (Mateo 15:18). Lo que te contamina o te limpia, lo que te enferma o te sana, lo que te limita o te ensancha, es lo que crees, y se manifiesta a través de aquello que hablas. Por eso debemos creer y hablar solo la Verdad. Jesucristo calificó al diablo como "mentiroso y el padre de mentira" (Juan 8:44b), de modo que si tú y yo le creemos ¡seremos hijos de sus mentiras! De hecho, cuando atendemos su opinión sobre quiénes somos, o sobre lo que podemos o no alcanzar; cuando dudamos de aquello que Dios nos promete en Su Palabra, nos hacemos seguidores de satanás simplemente porque nuestros pasos siguen aquello en lo que creemos. Jesús prosiguió con una frase estremecedora: "Y a mí, porque digo la verdad, no me creéis." (Juan 8:45). Somos prontos para creer la mentira y tardos para asimilar la verdad. Urge cambiar porque solo los discípulos de Cristo "conocerán la verdad y la verdad los hará libres" (Juan 8:32). Esto es lo que diferencia al creyente del incrédulo: El primero oye la Verdad (Cristo); el segundo a la mentira (diablo). Si deseas reprogramarte y ser transformado para vivir en Su Palabra debes comenzar por hacerlo tu Señor y dueño, solo entonces podrás oír Sus Palabras:

"El que es de Dios, las palabras de Dios oye; por esto no las oís vosotros, porque no sois de Dios."

Juan 8:47

Oración: Padre, enmudéceme si voy a hablar lo malo y corrompido. Guarda mi corazón de la murmuración y el juicio para que mis labios no produzcan chisme. Llena mi corazón de Tu Santo Espíritu para que solo hable Tu idioma: Fe.

Día 44: Hoy entiendo que eres real, palpable

"Lo que era desde el principio, lo que hemos oído, lo que hemos visto con nuestros ojos, lo que hemos contemplado, y palparon nuestras manos tocante al Verbo de vida."

1 Juan 1:1

Amo la manera de redactar de Juan. Cómo se esfuerza por hacernos comprender que Jesucristo es real, que no es una religión, una tradición ni una costumbre, sino que está vivo y aunque es el Eterno ("desde el principio"), Juan y los demás discípulos le habían oído con sus oídos, le habían visto con sus propios ojos, lo contemplaron y lo palparon con sus manos. Ellos lo abrazaron, lo vieron, compartieron con Él, escucharon Su voz y convivieron con Aquel Verbo de Vida. Sus discípulos le vieron convertir agua en el mejor de los vinos, alimentar multitudes con unos pocos panes y peces, devolver la vista, el oído y el habla a centenas de ciegos, sordos y mudos; limpiar y tersar la piel de tantos leprosos; enderezar a aquella mujer tan encorvada, levantar paralíticos, desatar a María Magdalena y a aquel hombre de Gadara en quien habitaban legiones de demonios, y sobre todo fueron testigos de la resurrección del ya maloliente Lázaro luego de pasar cuatro días muerto.

Luego de un tiempo caminando codo a codo con el Maestro, sus vidas nunca más fueron las mismas y aquellos hombres comunes, la mayoría de ellos sin educación, se transformaron en los fundadores de la Iglesia primitiva que aún hoy permanece firme y sigue creciendo. ¿Hizo esto la religión o la relación que tuvieron con Jesús? Solo la comunión diaria con el Mesías lo hizo. El Señor modelaba delante de ellos, día a día, lo que significa ser hijo del Altísimo, con todos sus deberes y responsabilidades pero también con la autoridad, derechos y beneficios. Nada de eso ha cambiado desde entonces. Jesus sigue siendo el mismo hoy, ayer y siempre aunque ahora no podamos verlo o palparlo. Y Él quiere mucho más de ti. No solo que lo respetes y te vuelvas "solemne" al entrar a tu iglesia (porque no se agrada de tu perfecta moral y conducta) sino de que tu corazón esté cerca de Él. Dios no anhela tus rituales frente a los símbolos que según tú, lo representan. Él te quiere a ti, completo, todo tu espíritu, tu alma y tu cuerpo, sin guardarte nada. Por eso te creó y luego te compró en la Cruz. Él busca a diario, minuto a minuto, paciente pero ardientemente, tu amistad y tu amor, tiempo a solas contigo. El Verbo de Vida se desespera por tenerte:

> "Y amarás al Señor tu Dios con todo tu corazón, y con toda tu alma, y con toda tu mente y con todas tus fuerzas. Este es el principal mandamiento."
>
> Marcos 12:30

Oración: Gracias Señor por hacerte cada vez más real en mi vida. Gracias porque sin verte, te percibo, y sin tocarte, te siento. No puedo palparte como Juan pero ahora mismo siento Tu Espíritu. Sensibilízame a Tu Presencia Señor, que sepa en todo momento que estás más cerca de mí que yo mismo.

Día 45: Hoy me ocupo de Tus asuntos Abba

"Entonces él [Jesús de 12 años] *les dijo: ¿Por qué me buscabais?*
¿No sabíais que en los negocios de mi Padre me es necesario estar?"

Lucas 2:49

Esa fue la respuesta de Jesús a sus padres cuando era aún pre-adolescente. Este pequeño había encarnado como hombre pero venía de los Cielos. Estuvo allí cuando la tierra fue creada y sopló aliento de vida sobre el barro inerte de Adán. Él sabía bien que todo sucede en dos reinos paralelos interconectados mediante nuestra alma; que el mundo natural está sujeto al espiritual, y que lo que sucede en la tierra tiene relación con lo que pasa en los Cielos. Lo visible es fuertemente influenciado por lo invisible. Lo que nosotros intuimos, Él lo sabía con certeza. Por eso Jesús oraba tanto, porque conoce bien al Padre. Así debemos orar tú y yo. Pero en este pasaje Jesús no oraba sino estaba " . . . sentado en medio de los doctores de la ley, oyéndoles y preguntándoles. Y todos los que le oían, se maravillaban de su inteligencia y de sus respuestas" (Versos 46-47). Jesús vino a anunciarnos Su Reino. A modelar delante de nosotros como vivir en la tierra bajo los principios de Su Reino. Él tenía esa misión y no le preocupaban las críticas porque Su prioridad eran los negocios del Padre, a quien obedecía en todo.

¿Qué te levanta de tu cama cada mañana, los negocios del Padre o solamente tus intereses? ¿Depende tu entusiasmo solo de las circunstancias externas de modo que estás feliz cuando todo va bien e infeliz cuando algo no? Si Él conoce todas tus necesidades antes de que se las pidas (Mateo 6:8), ¿por qué no dejas de preocuparte tanto por tus asuntos y comienzas a prestar más atención al Reino (negocios) del Padre? Jesús dice acá que es necesario. ¿Qué harás hoy para Dios? ¿Cómo lo apoyarás en Sus negocios? Hoy, en tu trabajo, en cada asunto del día a día, recuerda que no estás acá para pasar el tiempo ni por un cheque mensual; no fuiste creado para acumular bienes y jubilarte a cierta edad. Estás aquí para ocuparte diligentemente de los negocios de tu Padre. Él cuenta contigo. Represéntalo bien porque después de todo, Su negocio consiste en recuperar tu alma y la mía, junto a las de toda la humanidad. Por eso entregó a Su Hijo quien es el vivo ejemplo de esa conexión, de que lo que atas en la tierra es atado en los cielos (Mateo 18:18). Nota que a pesar de Su sujeción absoluta al Padre, paralelamente y como un ejemplo viviente de la conexión entre ambos ámbitos (natural y espiritual), Él siempre obedeció a José y a María:

"Y descendió [Jesús de 12 años] *con ellos, y volvió a Nazaret, y estaba sujeto a ellos. Y su madre guardaba todas estas cosas en su corazón."*

Lucas 2:51

Oración: Dulce Espíritu Santo, guíame en este día y siempre para que todo lo que haga trabaje también para Tu Reino. Quiero ocuparme de Tus negocios. Ayúdame a sembrar Tu Palabra en cada conversación, a tenerte presente en todo momento, yo quiero que seas mi prioridad y mi Señor en todo. Gracias Abba porque sé que cuento contigo siempre.

"Y nadie echa vino nuevo en odres viejos; de otra manera, el vino nuevo rompe los odres, y el vino se derrama, y los odres se pierden; pero el vino nuevo en odres nuevos se ha de echar."
Marcos 2:22

Espíritu Santo, gracias por renovar a diario mi odre,
Y derramar sobre mí Tu santo vino . . .

Día 46: Hoy me ocupo de Tus asuntos Abba

"Y descendió [Jesús de 12 años] *con ellos, y volvió a Nazaret, y estaba sujeto a ellos. Y su madre guardaba todas estas cosas en su corazón."*

Lucas 2:51

Dios se hizo hombre en Jesús. Cuando sus padres lo hallaron en el templo, Él estaba "sentado en medio de los doctores de la ley, oyéndoles y preguntándoles. Y todos los que le oían, se maravillaban de su inteligencia y de sus respuestas." (Versos 46-47). Él no estaba rebelándose a sus padres ni se les escapó maliciosamente para tratar de impresionar a los doctores de la ley. Sencillamente Jesús, desde niño, tenía una prioridad escrita en lo más profundo de Su alma: hacer la voluntad del Padre. Piensa en esto: en Jesús "habita corporalmente toda la plenitud de la Deidad" (Colosenses 2:9). Él es "el Autor y Consumador de la fe" (Hebreos 12:2), el "Salvador del mundo" (1 Juan 4:14) y "el Pan de Vida que descendió del Cielo" (Juan 6:51), lleno de "Gracia y de Verdad" (Juan 1:14). También es quien "sustenta todas las cosas con la palabra de Su poder," (Hebreos 1:3) es el Alfa y la Omega, el principio y el fin, el Rey de reyes y Señor de señores, sin embargo, aunque era el Señor de todo y todos, vivió en la tierra sujeto diariamente a la autoridad de Sus padres terrenales, José y María.

Si Jesús se hubiera centrado en Sí mismo, hoy sería recordado como un gran líder, quizás como Alejandro Magno o Napoleón. Pero el prefirió centrarse en el Padre por lo que no se halló rebelión alguna en Su corazón. Solo así pudo cambiar la historia de la humanidad, restaurar el Camino al Padre y literalmente cambiar la atmósfera espiritual de la tierra. En los aproximadamente treinta y tres años de vida encarnado como hombre en la tierra, Jesús logró vencerse a sí mismo, al mundo, a satanás en la Cruz y a la muerte, dejando vacía la tumba. En el mundo natural la rebelión es ruidosa y agresiva. Por eso nos atrae, porque aparenta tener mucho poder. Parece fuerte pero es muy débil, da la impresión de permanencia pero es solo temporal. Nada duradero se construye a través de la rebeldía. La humanidad se rebela contra Dios, creyéndose independiente de Él pero Jesucristo tiene un punto de vista diferente: "Porque he descendido del cielo, no para hacer mi voluntad, sino la voluntad del que me envió." (Juan 6:38). El Maestro y Señor no actúa por su propio interés sino según la voluntad (intereses, negocios) del Padre. La obediencia requiere carácter mientras la rebelión es solo falta de éste. Hay un poder mayor en la sujeción que en la rebelión. Por eso Jesús dijo . . .

". . . aprended de mí que soy manso y humilde de corazón . . ."

Mateo 11:29

Oración: Padre, hoy quiero sujetar mi voluntad a la Tuya. Hoy comprendo que Tú eres Dios, que eres superior y mayor que todo nombre que se nombra. Quiero hacer Tu voluntad como Tú haces la del Padre. Guíame Jesús, y dame valor y perseverancia.

Día 47: Hoy clamo por otros

"Y como no podían acercarse a él a causa de la multitud, descubrieron el techo de donde estaba, y haciendo una abertura, bajaron el lecho en que yacía el paralítico."

Marcos 2:4

Jesús estaba predicando en su propia casa en Capernaum y "se juntaron muchos, de manera que ya no cabían ni aun a la puerta" (verso 2). Cuatro hombres que le traían cargado a un paralítico y no lograban llegar hasta Él, al ver la multitud no se rindieron sino que idearon un método más drástico: subirse a la casa de Jesús, abrir un gran hoyo en el techo y bajar por allí al enfermo, dándonos una hermosa lección de lo que significa una firme intercesión por aquellos que están en necesidad: ellos abrieron los cielos (el techo) para poner en contacto a su amigo enfermo con Aquel en quien habita la Plenitud de la Deidad (Colosenses 2:9). La respuesta no se hizo esperar: "Al ver Jesús la fe de ellos, dijo al paralítico: Hijo, tus pecados te son perdonados." El Señor había aceptado su intercesión y atendido su pedido; el paralítico fue perdonado y sanado de una vez, gracias a la fe de los que lo trajeron (aunque al maestro le destruyeron parte de su casa).

Si quieres conocer verdaderamente el poder de Dios, te invito a comenzar a orar por otros; a interceder por aquellos que no lo conocen ni le buscan. Clamar por esos muchos que creen que no lo necesitan y aún aquellos que se autodenominan ateos (literalmente: sin Dios). No discutas con ellos porque desconocen su propia ignorancia. ¡Es difícil vivir sin esperanza! ¡Hay tanta necesidad de Dios y muchos ni siquiera se percatan! Ora por aquellos que te critican, juzgan y maldicen (Mateo 5:44) y, si quieres incrementar tu intimidad con Él, no les cuentes a ninguno sino sea un secreto entre Papá y tú. Eso te protegerá contra toda forma de orgullo espiritual. Es necesario que perseveres, que persistas sin decaer, hasta abrir los Cielos, hasta que veas el bien de Dios manifestarse, pero no debes hacerlo con tus propias fuerzas sino en las del único Dios. Nuestro trabajo consiste en elevar la necesidad de esa persona hasta Aquel que todo lo puede, y persistir hasta que Él nos dé una respuesta. Dios te escuchará y se deleitará en ti. Él quizás probará tu perseverancia y amor por otros. A veces te pondrá una carga por ellos en el alma. El mundo está necesitado de más intercesores porque son pocos los que tienen el corazón correctamente dispuesto. Él te necesita:

> "Y busqué entre ellos hombre que hiciese vallado y que se pusiese en la brecha delante de mí, a favor de la tierra, para que yo no la destruyese; y no lo hallé."
>
> Ezequiel 22:30

Oración: Padre Santo, enséñame a interceder por otros, por tantos que están en condiciones tan difíciles. Que mi corazón se parezca al Tuyo Jesús. Pon en mi alma compasión por las almas porque son Tuyas y están perdidas. Dame un corazón humilde, compasivo e intercesor. Gracias Padre porque me recibes en Tu ejército contra las tinieblas.

Día 48: Hoy le clamo a Dios por Sus hijos

"¿ . . . y aquél, respondiendo desde adentro, le dice: No me molestes; la puerta ya está cerrada, y mis niños están conmigo en cama; no puedo levantarme, y dártelos?"

Lucas 11:7

La más hermosa explicación de ésta parábola la escuché de parte del apóstol Guillermo Maldonado: Un hombre fue a tocar a medianoche la puerta de su amigo para pedirle pan para otro amigo que acababa de llegar de viaje, porque él no tenía nada "que ponerle adelante" (versos 5-6). El personaje central es el intercesor (tú o yo), quién a medianoche le toca la puerta a su amigo (Jesús) para pedirle pan para su otro amigo (la persona en necesidad), porque él (el intercesor) no tiene alimento para ofrecerle. El intercesor pide tres panes (verso 5): el Padre, el Hijo y el Espíritu Santo. Estamos llamados a clamar a Dios por otros porque el Señor promete respondernos: "Os digo, que aunque no se levante a dárselos por ser su amigo, sin embargo por su importunidad se levantará y le dará todo lo que necesite." (Verso 8). No por casualidad Jesús contó esta hermosa parábola justo después de enseñar a Sus discípulos (y a nosotros) a orar el modelo que conocemos como oración dominical o el Padre Nuestro.

Es interesante que en el verso inicial Jesús pretende estar ocupado en sus propios asuntos y desinteresado de los nuestros ("no me molestes; la puerta ya está cerrada"), por lo que nos reta a insistirle, a importunarle (aún a medianoche), a perseverar. Él a veces nos prueba con obstáculos para así medir hasta donde nos puede llevar nuestra fe, como aquellos cuatro que le trajeron a Jesús a un paralítico a través del techo de la casa del Maestro. Tú y yo no podemos en nuestras fuerzas sanar ni libertar a otros, mucho menos convencerlos con discusiones y argumentos porque solo Dios puede darnos el verdadero pan (Juan 6:32-35) pero debemos clamarle por aquellos cuyas almas están desnutridas, agobiadas, agotadas, marchitas. Además interceder es una poderosa manera de incrementar tu comunión con Dios "tocando" la puerta de tu amigo, Jesús, para pedirle Su misericordia sobre otras personas, ya sea tu familia, amigos y conocidos, personas públicas o en eminencia (autoridades), regiones y naciones enteras y, por supuesto, tus enemigos. Comienza ahora mismo, eso atraerá Su atención porque son muy pocos los que oran y claman Su Nombre a diario:

"Nadie hay que invoque tu nombre, que se despierte para apoyarse en ti; por lo cual escondiste de nosotros tu rostro, y nos dejaste marchitar en poder de nuestras maldades."

Isaías 64:7

Oración: Señor Jesús, dame de Tu precioso Pan de Vida y guíame para repartirlo como hiciste con los apóstoles. Quiero que se multipliquen los que comen de Tu Palabra. Abre mi mente y corazón a las necesidades de la humanidad y hazme un canal por el que fluya Tu bendición hacia ellos.

Día 49: Soy trigo

"Y cuando salió la hierba y dio fruto, entonces apareció también la cizaña."

Mateo 13:26

La cizaña es tan semejante al trigo que en algunos lugares la llaman "falso trigo." Más adelante, en el verso 38, Jesús explica que la "buena semilla" (de la que sale el trigo) "son los hijos del reino, y la cizaña son los hijos del malo," de modo que los hijos del reino y los del diablo no se diferencian a primera vista. Por eso los discípulos no tenían idea de quien traicionaría al Señor, y Pilato estaba confiado de que el pueblo escogería a Jesús. ¿Cómo es posible que los hijos del enemigo se confundan con los hijos del reino (siendo tan diferentes por dentro), y que no podamos detectar a la cizaña para protegernos de su malicia? ¿Cómo podemos crecer entrelazados como si fuéramos de la misma familia? Bueno, Jesús nos diferencia claramente: el trigo da frutos, la cizaña no . . .

Ahora la pregunta es: ¿qué somos nosotros? ¿Estamos seguros de que somos trigo o sería posible que seamos cizañas confundidas? ¿Cómo saberlo con certeza? Viviendo entre el trigo y la cizaña, ¿no podríamos eventualmente confundirnos? Salomón advierte: "todo camino del hombre es recto en su propia opinión; pero Jehová pesa los corazones" (Proverbios 21:2), de modo que nuestra indulgencia no significa nada, lo que importa es lo que realmente hay en nuestro corazón. Por eso debemos revisarnos porque podríamos ser parte de problema. Aún el ungido rey David clamaba a Dios diciendo: "líbrame de los pecados que me son ocultos" (Salmos 19:12) porque el hecho de que juzguemos esto o aquello apropiado o no, según nuestra propia cultura, educación, preferencias o costumbres, no significa nada porque simplemente no somos quien juzga. El Padre es el que juzgará así que pregúntate y pregúntale a Él, ¿qué hay en tu corazón? ¿Trigo o cizaña? Por ejemplo, ¿qué siembras cada día, cada vez que hablas? Algunos se complacen mucho en chismear y lo consideran tolerable porque muchos lo hacen, pero no lo es (Mateo 5:2). Otros piensan que el adulterio o la fornicación son algo natural y no se pueden evitar y que uno que otro pecadito aquí y allá no te llevará al infierno. Mejor no correr riesgos y preguntarnos con sinceridad: ¿cuál es mi fruto? Esa será Su medida . . .

"Por sus frutos los conoceréis. ¿Acaso se recogen uvas de los espinos, o higos de los abrojos? Así, todo buen árbol da buenos frutos, pero el árbol malo da frutos malos."

Mateo 7:16-17

Oración: Padre, te ruego me perdones por las múltiples veces en que mientras Tú esperabas que fuese trigo, he sido cizaña. Perdona por cada conflicto que he creado, cada juicio que he tenido, cada disensión que he ocasionado. Límpiame para fructificar en Ti. Gracias Señor por Tu misericordia.

Día 50: Soy Su fruto

"Verá el fruto de la aflicción de su alma, y quedará satisfecho; . . ."
Isaías 53:11

Luego de describir en detalle los múltiples sufrimientos que siglos después Jesús afrontaría (versos 3-11), el profeta hace un giro inesperado: para de hablar de los tormentos del Señor y pasa a explicar la razón última de todo ese sacrificio (tú, yo y toda la humanidad), y además nos narra el final: "Él [Jesús] estará satisfecho." Tratemos de captar la profundidad de esto: nosotros creemos que carecemos de valor pero somos la recompensa por la que Él apostó todo; nos sentimos inútiles pero Él no soportó vivir sin nosotros por lo cual lo arriesgó todo. A veces sentimos que somos solo espinos y cardos pero Él nos llama y considera Su fruto; lo imaginamos solemne y distante pero Él nos llama hermanos (Juan 10:17); nos sentimos terrenales pecadores pero Él nos llama amigos (Juan 15:14); venimos a Él con vergüenza pero Él nos recibe satisfecho y con alegría en Su corazón. Jesús no es un mártir sino el más grande de todos los héroes, y no te ama por tus aciertos ni méritos sino por lo que eres, ¡Su mayor creación! ¿Amas a tus hijos solamente cuando traen buenas calificaciones? ¿No? ¡Dios tampoco! ¿Esperó Jesús a conocer como nos comportaríamos tú y yo para decidir ir o no a esa tormentosa Cruz? ¡No! Él se entregó mucho antes de que naciéramos.

Quitémonos toda falsa identidad porque Él nos dio una nueva y única: la Suya, y nos hizo dignos. Salomón lo dice de otra forma: "Anda, y come tu pan con gozo, y bebe tu vino con alegre corazón; porque tus obras ya son agradables a Dios." (Eclesiastés 9:7). Jesucristo nos hizo coherederos de Su gracia (Romanos 8:17). Él no solo nos creó sino que luego, al nosotros abandonarlo, nos compró, nos justificó, pagó todo nuestros pasivos y nos devolvió nuestra identidad, nuestro valor intrínseco, real. Tú eres un tesoro especial para Dios (Éxodo 19:5). ¡Que nadie te engañe ni lesione tu autoestima! ¡Nunca más permitas que se distorsione tu auto imagen! Eres hijo del Altísimo. Siempre que algún niño simpatiza con mis hijos, automáticamente me cae bien. En eso nos parecemos a Dios porque Juan dice que "el que confiesa al Hijo, tiene también al Padre" (1 Juan 2:23). Pues igualmente, cuando tú recibes a Cristo, ¿sabes lo que pasa? ¡El Padre te ve igual que a Jesús! Acércate a Él, recíbele en tu alma, sé tú el fruto de Su aflicción y hazlo estar satisfecho porque:

"hay gozo delante de los ángeles de Dios por un pecador que se arrepiente."

Lucas 15:10.

Oración: Gracias Señor por adoptarme bajo Tu manto. Gracias porque Tu sacrificio en la Cruz del Calvario restauró el puente que me separaba de Tu Gracia. Gracias porque soy parte del fruto de Tu aflicción. Ayúdame a llevar una vida conforme a Tus principios para que estés satisfecho. Yo soy Tu hijo amado en quien tienes complacencia.

Día 51: Hoy le doy lugar a Jesús en todo

"Airaos, pero no pequéis; no se ponga el sol sobre vuestro enojo, ni deis lugar al diablo."

Efesios 4:26-27

¿Qué harías si al momento de sentarte a ver una película con toda tu familia, tu cónyuge te dice: "no te sientes allí, ese asiento está reservado para el diablo"? ¿Dejarías una silla libre en la mesa al momento de cenar, quizás un espacio en el asiento trasero de tu auto o esa vieja mecedora al lado de tu cama para que satanás se siente en ella? Supongo que no, al menos no voluntariamente, pero según esta cita si dejas que el enojo permanezca en ti, pecarás y le estarás dando "lugar al diablo." Le estarás abriendo una puerta, un canal, un acceso para que entre a tu vida y, a través de esa vía, a la de los tuyos.

Vivimos en un mundo tenso, lleno de presiones e injusticias que nos estresan y no siempre es fácil mantener el control. Cualquiera puede airarse y como alguien dijo: "todos tenemos derecho a un mal día." Podemos pasar un mal momento por algo desagradable y molestarnos; sentir rabia o frustración es completamente normal. Sin embargo, no debemos permanecer en ese estado. Es necesario sacudirnos esa molestia, esa perturbación o de otro modo erraremos (pecaremos) y perderemos nuestra comunión con Dios. Conozco creyentes que erróneamente temen aún mencionar el nombre de diablo o satanás y usan (solo si es estrictamente necesario) el término "el enemigo" para no nombrarlo directamente, ignorando lo que Jesucristo dijo sobre nosotros: "He aquí os doy potestad de hollar serpientes y escorpiones, y sobre toda fuerza del enemigo, y nada os dañará" (Lucas 10:19). Sin embargo, a algunas de estas personas les cuesta mucho ignorar un pequeño maltrato, una respuesta grosera o una injusticia menor. Sienten terror tan solo de mencionar a satanás pero sin saberlo, le dan un asiento en sus casas a través de no poder ignorar una falta, un pequeño maltrato, una desatención ¿Cómo es eso posible? Debemos aprender a pasar por alto las ofensas, a ignorar los chismes y las murmuraciones, a bendecir al que nos maldice y hacer bien al que nos aborrece (Mateo 5:44). No debemos juzgar para no ser juzgados (Mateo 7:1) y debemos perdonar todas las ofensas para que nuestro Padre en los Cielos perdone todas las nuestras (Mateo 6:12, 14-15). No le des lugar al diablo sino a la Palabra De Dios. Que ese asiento en tu alma sea solamente para Jesús, y Él vivirá en ti:

"Respondió Jesús y le dijo: El que me ama, mi palabra guardará; y mi Padre le amará, y vendremos a él, y haremos morada con él."

Juan 14:23

Oración: Santo Espíritu, ayúdame a deshacerme de la ira. Ayúdame a ser más paciente y manso y a no crear de pequeñas cosas, grandes problemas. Gracias porque puedo airarme pero que también pueda yo siempre reflexionar y, como los niños, regresar prontamente a la comunión contigo y a Tu paz. Gracias Señor porque obras amorosamente en mi carácter.

Día 52: Hoy estoy atento: escucho y veo

"Pues habiendo conocido a Dios, no le glorificaron como a Dios, ni le dieron gracias, sino que se envanecieron en sus razonamientos, y su necio corazón fue entenebrecido. Profesando ser sabios, se hicieron necios,"

Romanos 1:21-22

Muchos se autodenominan ateos porque según su opinión, no tienen evidencia palpable de que Dios exista, pero la palabra ateo simplemente significa "sin Dios." Ellos creen negarlo pero lo que sucede es que no le tienen. Es como que alguien que nunca se ha enamorado, afirme que el amor no existe y se proclame "in-amorable." Pero si alguien te dice que la música no existe ¿buscarías la explicación en el violín o en la guitarra, o en los oídos de quien lo afirma? Seguramente pensarías que esa persona es sorda porque tú has escuchado música preciosa muchas veces. Pablo declara que ante nosotros está la evidencia de que Dios es real: "porque las cosas invisibles de Él, Su eterno poder y deidad, se hacen claramente visibles desde la creación del mundo, siendo entendidas por medio de las cosas hechas, de modo que no tienen excusa" (verso 20). Jesús, por su parte, parece advertir que muchos no oirán: "el que tenga oídos para oír, que oiga" (Mateo 11:15, 13:19), por lo que es posible que algunos "viendo, vean y no perciban; y oyendo, oigan y no entiendan . . ." (Marcos 4:12).

La Biblia expresa un secreto a viva voz: Dios " . . . atiende al humilde, mas al altivo mira de lejos" (Salmos 138:6). El Espíritu Santo es atraído solamente adonde se le cree y se le honra. Si alguien lo desprecia, Él no se acerca y la persona, al no poder percibirlo, cree tener la confirmación de su hipótesis: Dios no puede existir. Es como maltratar a todos y afirmar: "el amor no existe porque nadie me ama." Nuestra naturaleza tiende a evaluar y juzgar lo desconocido en base a lo que conocemos. Por eso los fariseos no se percataron del Mesías: ellos esperaban un poderoso rey cabalgando según sus paradigmas, no a un humilde carpintero montando un pollino. Como el sapito que en su pequeño estanque decide negar la existencia del océano, o el pez que piensa que el mundo externo es un video en el cristal de su pecera, los que niegan a Dios se engañan a sí mismos, y "profesando ser sabios, se hacen necios." El Dios invisible se revela a través de lo maravilloso de lo visible, pero solo los atentos ojos de los hijos lo perciben:

"A vosotros os es dado saber el misterio del reino de Dios; mas a los que están fuera, por parábolas todas las cosas; para que viendo, vean y no perciban; y oyendo, oigan y no entiendan; para que no se conviertan, y les sean perdonados los pecados."

Marcos 4:11-12

Oración: Gracias Jesús por permitirme conocer el misterio de Tu Salvación. Te ruego que mi corazón nunca se envanezca para que Tú, el Alto y el Sublime, nunca abandonen mi cuerpo y sea yo siempre Tu templo. Clamo por aquellos que viven sin Ti Señor. Te pido que tengas misericordia y abras sus ojos. ¡Gracias Papá!

Día 53: Hoy veo con claridad

"Pero cuando se conviertan al Señor, el velo se quitará."

2 Corintios 3:16

En el año 96 fui exitosamente operado de una miopía creciente que me obligaba a usar lentes. Recuerdo que al día siguiente de la cirugía, cuando el doctor me retiró los cobertores plásticos, su consultorio se veía diferente, luminoso, y los objetos eran nítidos, bien definidos; solo entonces me percaté de lo distorsionada que había estado mi visión. Algo similar puede pasar cuando tienes un velo invisible cubriendo tus ojos espirituales, porque no te percatas de que lo tienes y, al igual que un pez dentro de su pecera, no puedes concebir al océano. Lo que él ve a través del vidrio le dice que hay algo más allá pero, como no puede entenderlo ni nadar hasta allá, asume que no es real . . . Nuestra mente percibe al mundo espiritual y es capaz de grandes cosas pero también puede estar velada, centrada solo en lo visible y palpable, y con frecuencia puede guiarnos a percibir una porción como la totalidad. Por eso Pablo dice que "el dios de este siglo [satanás] cegó el entendimiento de los incrédulos" (2 Corintios 4:4), de modo que es factible que algo espiritual bloquee nuestra mente, como ya antes Jesús lo advirtió: "para que viendo, vean y no perciban; y oyendo, oigan y no entiendan; para que no se conviertan, y les sean perdonados los pecados." (Marcos 4:12)

Cuando Jesús entregó Su Espíritu en la Cruz del Calvario: "el velo del templo se rasgó en dos, de arriba abajo" (Mateo 27:51). Este velo ocultaba al lugar santísimo, el lugar donde físicamente habitaba la Presencia de Dios, y que era accesible solamente por el sumo sacerdote, solo una vez al año y únicamente para pedir perdón por el pueblo (Hebreos 9:7). Pero su ruptura a partir del sacrificio de Jesús, representa la reconciliación entre Dios y la humanidad, entre la humanidad creada y su Creador. La separación que nuestra ilusión de independencia había causado entre Dios y nosotros fue rasgada, disuelta, destruida, ya no existe; y la Cruz del Calvario es el puente que nos une, nos reúne, nos reconcilia con nuestro Creador. Todas las barreras creadas por nuestros pecados y nuestra rebelión fueron pulverizadas y destruidas. Jesucristo venció a las tinieblas y borró todas nuestras deudas y errores, nuestras enfermedades y maldiciones, nuestra escasez y limitaciones. Ahora tenemos acceso directo al Padre, no solo para pedirle perdón sino para tener comunión, relación, amistad:

> *"Acerquémonos, pues, **confiadamente al trono de la gracia**, para alcanzar misericordia y hallar gracia para el oportuno socorro."*
>
> Hebreos 4:16

Oración: Padre Bendito, gracias por enviar a Jesucristo a rasgar el velo. Gracias porque Tu Palabra es lámpara a mis pies y colirio a mis ojos. Yo quiero siempre camina en Tu verdad, en Tu santidad, en Tu poder. Gracias porque siendo Tu hijo, puedo entrar confiadamente al trono de Tu Gracia y hallar Tu misericordia para socorrerme, siempre.

Día 54: Hoy estoy agradecido Señor

"Cuando Jesús hubo tomado el vinagre, dijo: Consumado es. Y habiendo inclinado la cabeza, entregó el espíritu."

Juan 19:30

Las últimas palabras pronunciadas por Cristo en la Cruz fueron un grito de victoria: "Consumado es." El señor lo había logrado, había vencido para siempre a satanás, y Su misión estaba terminada, cumplida, completa; absolutamente nada faltaba por hacer. El plan divino no contempla que nos enfermemos para morir sino que, una vez culminemos aquello para lo que Dios nos creó, regresemos a casa. Jesús pagó por nuestros pecados y llevó nuestras enfermedades (Isaías 53:5-6), Él llevo nuestras maldiciones (Gálatas 3:13) y nuestra pobreza (2 Corintios 8:9); de modo que si tú, ahora mismo " . . . confesares con tu boca que Jesús es el Señor, y creyeres en tu corazón que Dios le levantó de los muertos, serás salvo" (Romanos 10:9-10). ¿Qué es lo que estos versos nos están diciendo? Que al creer en Jesucristo y Su obra redentora somos redimidos, perdonados, libres de deuda. Entramos bajo la cobertura de Su pacto y tenemos acceso al trono de Su gracia (Hebreos 4:16). ¡No tenemos que hacer ningún sacrificio! ¡Él ya lo hizo todo! ¡Consumado es!

Muchas personas creen que deben sacrificarse y pagar el precio que ya Jesús pagó. Por eso inventaron al Purgatorio, un lugar de tormento y castigo donde aquel que creyó en Dios pero falló en su comportamiento moral, sufre durante un período de tiempo indeterminado hasta que expíe sus pecados. Sin embargo, la Biblia no menciona esa doctrina por una razón simple: es anticristiana. Si tú, habiendo creído en Dios y habiéndote arrepentido sinceramente delante de Él, tienes que pagar un precio, entonces el sacrificio de Jesús no fue suficiente ni Su gracia tampoco. Las personas que se flagelan, pasean pesadas imágenes durante ciertas fiestas o se martirizan recorriendo de rodillas largas distancias, dañando su cuerpo que es templo del Espíritu Santo (1 Corintios 6:19), aunque buscan honrar a Dios, lo están degradando y se vanaglorian al asumir que el sacrificio de nuestro Señor Jesucristo no fue suficiente por lo que es necesario que ellos culminen (hagan consumación de) aquello que Jesús inició. Pero Él si consumó el único sacrificio posible por nuestra salvación, comprándonos con el precio de Su preciosa vida, por eso dejó muy claro que no hay otro:

"Yo soy el camino, y la verdad, y la vida; nadie viene al Padre, sino por mí."

Juan 14:6

Oración: Gracias Jesús porque en esa Cruz venciste al enemigo que nos oprimía y ahora tenemos libertad por Tu Sangre. Gracias por culminaste toda Tu obra y sacrificio de modo que nos redimiste. Líbrame de toda mentalidad religiosa que pretende hacerme más santo de lo que Tú me has hecho, y procurar más dignidad de la que Tú me has otorgado.

Día 55: *Hoy soy libre de la condenación*

"Ahora, pues, ninguna condenación hay para los que están en Cristo Jesús, los que no andan conforme a la carne, sino conforme al Espíritu."

Romanos 8:1

Trato de imaginarme lo que siente un delincuente realmente arrepentido cuando escucha al juez pronunciar su dictamen: ¡Inocente! Esa simple palabra significa que le ha sido concedida una nueva oportunidad; que no sufrirá la cárcel con sus maltratos, soledad y violencia. Ahora podrá estar de nuevo con sus seres queridos y disponer de su tiempo. Si lo desea, podrá sentir los rayos del sol y las gotas de agua al caminar bajo la lluvia. Es libre; no más opresión ni tormento. Ahora tiene otra oportunidad porque ninguna condena pesa sobre su cabeza. Supongo que algo parecido puede sentir el enfermo que lee en su examen médico: "remisión total" y, aunque en menor medida, aquel que observa, en los documentos de la hipoteca de su casa, un sello que indica "cancelado."

Ahora bien, tú y yo éramos hijos de desobediencia (Efesios 2:2) y estábamos destituidos de la gloria de Dios (Romanos 3:23). ¿Cómo te sientes tú al saber qué hace casi dos mil años el Juez de jueces dictaminó sobre tu nombre: "inocente"? Y cuando se le presentaron todos tus errores y malicia, dijo: "pagados en la Cruz;" y aún antes de que viniera a ti el dolor de la enfermedad, Jesús dijo: "sanado por

Mi llaga;" y cuando se abrió el acta que contenía detalladas todas tus iniquidades (junto a la de tus padres y abuelos), Él dijo: "redimido en el madero." Cuando Jesús dice "sano" significa completamente sano, y cuando la Biblia dice que "no hay ninguna condenación," es porque no existe ni rastro de ella. No te acuses más, no te culpabilices, no sigas lamentándote por lo que pudiste hacer mejor esta mañana o hace treinta años. Invita a Cristo a entrar a tu corazón y retoma el camino para el que fuiste creado. Regresa a Su plan original de bendición y dicha para ti y los tuyos, y así podrás levantarte y declarar con confianza: "¡Ninguna condenación hay para mí!" Te invito a hacerlo ahora. Declara en voz alta: "¡Ninguna condenación hay para mí!" Repítelo, deja que ésta verdad penetre las fortalezas de tu mente y permee tu alma. Permítele a Su Espíritu guiarte para que vivas conforme a Él. Oye Su Palabra, cree en Aquel que lo envió y no habrá para ti ninguna condenación, sino que habrás pasado de la muerte a la vida.

> *"De cierto, de cierto os digo: El que oye mi palabra, y cree al que me envió, tiene vida eterna; y no vendrá a condenación, mas ha pasado de muerte a vida."*
>
> Juan 5:24

Oración: Mil millones de gracias sean dadas a Jesucristo porque soy libre de toda condenación. A pesar de mi debilidad, de mi bajeza y de mis errores, Tú creíste y crees en mí. Por eso soy libre de toda condenación. Soy hallado inocente por Tu Gracia. Gracias por borrar mi maldad y clavar todo mi pecado en esa pesada Cruz. Gracias mi precioso Redentor.

Día 56: Hoy me apego solo a Ti

"¿A quién tengo yo en los cielos sino a ti? Y fuera de ti nada deseo en la tierra."

Salmos 73:25

A todo lo largo de las Escrituras se nos muestra la completa interconexión entre lo espiritual y lo natural. David vive en la tierra pero tiene a Dios en los Cielos, y el hecho de tenerlo a Él en lo espiritual lo satisface tanto que: "fuera de Él no desea nada en la tierra." Lo espiritual prevalece sobre lo natural. Cuando estás lleno de Dios, el deseo por lo terrenal te perturba menos, pero no se trata de escoger la pobreza. David poseía realmente muy abundantes riquezas pero, a diferencia de lo que pasa con la mayoría de nosotros, éstas no lo poseían a él. Él disfrutaba al máximo de todas las múltiples bendiciones que recibía, compartiendo y sacrificando generosamente para Dios y para otros, estando plena y diariamente consciente de Quien se las proveía (Salmos 16:1a). Por eso no se apegaba a ellas ni al prestigio o poder que estas les podían otorgar, sino se aferraba a Aquel quien se las proveía. El bien en la vida de David provenía de su íntima relación con Dios, y el bienestar económico era solo una de las múltiples buenas consecuencias de amar profundamente a un Padre generoso, de convivir a diario con Él . . .

Personalmente me encanta ver el agua correr, no la estancada; escuchar a las aves en los árboles, no en jaulas; disfrutar del tiempo, no tratar de atraparlo. Dios te bendice con vida y bienestar para que los disfrutes y bendigas a otros, no para que te apegues a Sus regalos. En el día nublado procuramos la luz del sol, no intentamos atrapar al rayito de luz mientras pasa, porque se va muy rápido . . . . pero el Sol permanece. La mayor de todas las bendiciones que Dios quiere darte es a Si mismo. Nada mayor que Él que lo contiene todo y que te ama tanto que entregó Su vida para tener la tuya "en los Cielos y en la tierra," en lo espiritual y lo material. Él quiere darte más, mucho más. Su Gracia es multiforme y Su bien fluye abundante y constantemente sobre los que sinceramente Le anhelan y Le honran. La pregunta es: ¿amas a Dios o solo persigues Sus regalos? Con frecuencia perseguimos desesperadamente lo terrenal (acumulación de objetos, joyas y juguetes) porque nos valida externamente pero, después de todo, nada nos pertenece, todo es prestado. Jesucristo pagó con toda Su sangre todo el precio de todas tus deudas, sin faltar ninguna. ¿Cómo puedes poseer algo si tú mismo no eres tuyo? Disfruta del bien de Dios sin aferrarte. ¡Aférrate a Dios!

"Está mi alma apegada a ti; Tu diestra me ha sostenido."
                                              Salmos 63:8

Oración: Padre, yo entiendo que conocerte es la mayor de todas Tus bendiciones. Hoy quiero enfocarme más en Tu Reino y menos en las añadiduras porque nada le falta al que Te sigue. Gracias Padre porque mis esfuerzos por Tu Reino no son en vano. ¡Guíame y úsame!

Día 57: Hoy tengo intimidad con mi Padre

"Porque: Toda carne es como hierba, Y toda la gloria del hombre como flor de la hierba. La hierba se seca, y la flor se cae;"

1 Pedro 1:24

La hierba es tenaz como la voluntad humana. Se aferra a la vida y mientras tenga un poquito de humedad, sobrevive. Resiste el sol y la lluvia, el calor del día y el frío de la noche, y se adapta a las distintas estaciones y terrenos, en muy variados ángulos. Pero sin agua . . . se seca irremediablemente. Pienso que el secreto de la hierba está en que, aunque está expuesta, se aferra a lo cubierto; aunque es visible, se enlaza a lo invisible, y su raíz oculta, se ancla en la tierra, buscando asirse de su textura, germinando y extendiendo poco a poco sus trenzas, sin que nadie lo note. Porque la lluvia afuera se seca rápido pero adentro, bajo tierra, el agua permanece, como un río subterráneo. Aunque afuera se le vea caer y salpicar, es abajo, adentro, en lo oculto, donde realmente se empoza . . . La flor por su parte, es diferente, es frágil porque su foco está en lo externo, no en lo secreto; en lo visible y no en lo íntimo. La hierba puede vivir sin ella pero no ella sin la hierba. Ella depende de la hierba quien, extrayendo vida de debajo de la tierra, la nutre y le da la frescura que la embellece.

Tú y yo somos como la hierba porque aunque visibles, nuestra vida proviene de lo oculto, de algo íntimo a lo que se conecta nuestra raíz, y somos mucho más de lo que muestra el espejo. Aunque estamos recubiertos de carne y corre sangre por nuestras venas, somos espíritus; aunque venimos del polvo, Dios nos sopló Su aliento de vida en nosotros (Génesis 2:7). Sin el Agua del Espíritu, nos secamos. Solamente bebiendo a diario de ella producimos flores, como coronas, y fruto. Pero el foco no debe estar en la flor sino en la raíz, en la fuente adonde sea que esté el agua. ¿Quieres florecer y dar buen fruto? Enfócate menos en lo externo (la flor y el fruto), y cultiva la raíz. Si tu atención está siempre en la flor o en el fruto que produces, te secarás porque, aunque el rocío refresca los pétalos, no los nutre y con el sol, se marchitan. La flor es consecuencia, no causa; es hermosa pero no genera, no engendra. Aprendamos de la hierba y busquemos el río subterráneo de Agua Viva. Solo sembrados en Su manantial permaneceremos. Nadie cuenta las flores marchitas sino que busca las nuevas. No vivas de tus glorias sino de Su Espíritu. Ocúpate de Él, la raíz, y el Padre te llenará de flores:

"Mas tú, cuando oras, éntrate en tu cámara, y cerrada tu puerta, ora a tu Padre que está en secreto; y tu Padre que ve en secreto, te recompensará en público."

Mateo 6:6

Oración: Bendito Dios, yo quiero tener continua intimidad contigo en lo oculto. Tú eres mi sustento y la raíz de todo bien. Tú tienes la Vida eterna por lo que Te ruego que Tu agua viva siempre fluya en mí. Gracias Señor porque Tú nutres mucho más que mi cuerpo.

Día 58: Dios guía mis pasos

"Por cuanto en mí ha puesto su amor, yo también lo libraré; Le pondré en alto, por cuanto ha conocido mi nombre."

Salmos 91:14

Dios manifiesta acá dos deseos de Su corazón para nosotros: 1) librarnos y 2) ponernos en alto, y establece asimismo la condición necesaria para alcanzar a cada uno. Primeramente, que pongamos en Él nuestro amor. ¿Sabías que tú decides donde pones tu amor? Jesús dice "donde esté vuestro tesoro, allí estará también vuestro corazón" (Mateo 6:21), de modo que tus sentimientos y atención gravitan alrededor de lo que valoras y amas. Si piensas en las relaciones que atesoras como por ejemplo tu familia o tu mejor amigo, es probable que mantengas con ellos un contacto frecuente, compartiendo intimidades y consejos porque cada uno tiene cierta inherencia en la vida del otro, y aprecia su opinión. No es muy diferente con el Espíritu Santo. ¿Te importa lo que Dios piensa de ti según Su Palabra? ¿Tomas tiempo para estar a solas con Él? ¿Lo llamas con frecuencia para saber cómo está y que quiere hacer en ti y a través de ti en el mundo? Si tu respuesta es sí, entonces has puesto en Él tu amor . . .

La segunda condición es conocer Su nombre. Una cosa es creer que existe un dios en alguna parte, y otra muy diferente es conocerlo personalmente. No solo saber que Él es real sino que está vivo y atento a ti. La palabra que se traduce como "conocer" en la Biblia indica una comunión mucho más estrecha que saber el teléfono de alguien: "Conoció Adán a su mujer Eva, la cual concibió" (Génesis 4:1). Es conocimiento íntimo. No conociste a tu cónyuge repitiéndole rezos ni visualizándole sino compartiendo juntos, abriéndole tu corazón y estando atento al suyo. Por eso te las ingeniabas para encontrarle a solas, para hablarle, tocarle, besarle. Bueno, de un modo bastante similar conoces a Dios: compartiendo con Él; conociéndolo como Padre, y descubriéndote a ti mismo como Su hijo, experimentando Su Presencia. El "nombre" en cambio, se refiere a la reputación, a la fama. Una cosa es creer que Dios puede hacer milagros y otra cosa es conocer Su poder porque ya lo has experimentado. Una cosa es pensar que Dios es bueno y otra conocer, en lo más profundo de tu ser, que te ama profundamente, que eres Su tesoro especial (Éxodo 19:5) y que Sus planes son siempre de bien y paz para ti (Jeremías 29:11). Jesús te ama tanto que se entregó por ti. Él quiere librarte y ponerte en alto, sanarte y prosperarte en todo:

> *"Amado, yo deseo que tú seas prosperado en todas las cosas, y que tengas salud, así como prospera tu alma."*
>
> 3 Juan 1:2

Oración: Padre Santo guía mis pasos cada día. Quiero pasar más tiempo contigo, conocer más de Ti, vivir bajo Tu sombra siempre. Gracias porque Te gusta mi compañía. Te amo Jesús.

Día 59: Hoy Él me fortalece

". . . para que os dé, conforme a las riquezas de su gloria, el ser fortalecidos con poder en el hombre interior por su Espíritu;"

Efesios 3:16

Cuando pensamos en un tesoro que provenga de Dios quizás imaginemos un baúl lleno de joyas, un trabajo muy fácil de cumplir (que demande poco esfuerzo y tiempo) o una relación amorosa "perfecta," sin desacuerdo alguno sino con absoluta y siempre espontánea compatibilidad. Pero si lo piensas bien, cualquiera de estas cosas te debilitaría. Una vida demasiado fácil es cómoda pero atrofia. Donde no hay viento, los árboles son débiles y, en los lugares donde el invierno es intenso, se construyen mejores casas. Es obvio que el leopardo no desarrolló tanta fuerza paciendo en la hierba, y algo que los atletas saben bien es que no puedes hacerte más fuerte si no te esfuerzas más. Nadie corre más rápido o salta más alto si no suda cada milésima de segundo, cada centímetro . . .

Algo similar sucede con el espíritu. Uno de los tesoros que Dios quiere darte conforme a sus riquezas en gloria es fuerza interior. El apóstol no está hablando de fuerza física ni de poder mental. Tampoco se refiere a que pretendamos ser perfectos. Lo que Él quiere es tu alma. Toda, completa, solo para Él. Él quiere que florezcas y des fruto pero no trabajando en tus ramas sino en tu raíz, adentro, en lo íntimo y, a veces, oscuro . . . Cuando lo invitas a entrar a tu vida, aunque externamente parezcas ser el mismo, Él comienza a transformarte y te conviertes en "nueva criatura" (2 Corintios 5:17). Él no maquillará tu rostro sino que limpiará tu corazón. No te cubrirá de ropas exuberantes sino que pondrá un espejo con tu alma desnuda frente a ti. Esta fuerza interior es el poder espiritual que nace dentro de ti y te guía cuando invitas al Todopoderoso a reinar en tu vida, a llenar tu carácter, a inundar tus emociones y tu mente. Pablo se refiere a mantener una fe persistente, fuerte, enfocada como un láser en Su Palabra y no distraída en los miedos de este mundo. Tú puedes tener gozo en medio de los retos porque sabes que lo que estás viviendo es temporal y que la victoria ya es tuya porque Cristo la conquistó para ti, hace dos mil años en la Cruz. Pásate de la zona de confort a la de crecimiento. Jesús quiere fortalecerte para que alcances mayores victorias. Él es un Dios de retos, de avances y logros, y por eso necesita entrenarte para que los alcances. Solo cuando seas fortalecido en Él pondrá sobre ti el precioso barniz de Su unción. Solo cuando tu hombre interior le pertenezca, Él lo fortalecerá.

"El da esfuerzo al cansado, y multiplica las fuerzas al que no tiene ningunas."

Isaías 40:29

Oración: Fortaléceme Señor Jesús. Fortalece mi fe, mi convicción de la veracidad y sobrenaturalidad de Tu Palabra. Ayúdame a ser persistente buscando Tu Reino. Quiero ser diligente en servirte a Ti y a la humanidad, en el nombre de Jesús.

Día 60: Hoy persigo mis sueños y no me dejo distraer

"Y cuando salió la hierba y dio fruto, entonces apareció también la cizaña."

Mateo 13:26

La cizaña solo apareció después que salió la hierba, cuando la buena semilla dio fruto. Yo creo que es una ley espiritual. Una vez comienzas a dar fruto, la cizaña aparece y, ¿sabes dónde? muy cerca de ti, como con el trigo, desapercibida pero justo a tu lado. Generalmente viene como una discreta forma de envidia que alguien te tiene y manifiesta como crítica constante de tus logros y la tendencia a minimizar todo lo que haces. Otras veces alguien quiere dirigir tus ojos hacia lo que no tienes en vez de a lo que si tienes, procurando sembrar codicia en tu alma, para hacer que la alegría y el agradecimiento se aparten de tu corazón. En ocasiones se disfraza del "sabio y realista" consejo de ese compañero que te advierte que te "urge reaccionar," que no te puedes quedar a esperar en Dios. El trabajo de la cizaña es simple: convencerte de que no eres especial. Te dirá que dar fruto no es lo primordial, que tú y ella son exactamente iguales . . .

Pero Dios tiene una opinión diferente. Hasta Pilato sabía que a Jesús "por envidia le habían entregado los principales sacerdotes" (Marcos 15:10). Ellos, que tanto buscaban al Mesías, no podían verlo a pesar de tenerlo enfrente. Los sacerdotes sin fruto (cizaña) no podían soportar al que es Trigo (Juan 12:24). Lo mismo pasará contigo, si eres trigo. Asegúrate de moverte constante y diariamente hacia tu destino. Persigue tus sueños, persevera y da fruto. ¡Que ninguna cizaña te detenga ni distraiga! Ahora bien, si nadie te está juzgando ni criticando; si no hay oposición alguna en tu vida y nadie te envidia; si no percibes las raíces de la cizaña tratando de enlazarse con la tuya, medita en tus caminos. Probablemente no te estés moviendo hacia lo que Dios tiene para ti. Revísate, toma tiempo y evalúate, asegúrate de no ser tú esa cizaña. No te desesperes por los malvados a quienes parece irles bien. Que no te confunda su apariencia porque su destino no es bueno. Dios aún no arranca la cizaña solo para proteger al trigo. Cuando los hombres le dijeron al dueño (Dios) respecto a la cizaña: "¿Quieres, pues, que vayamos y la arranquemos? Él les dijo: No, no sea que al arrancar la cizaña, arranquéis también con ella el trigo." (Mateo 13:28b-29). La respuesta del Padre está tan cargada de misericordia como de justicia Divina:

> *"Dejad crecer juntamente lo uno y lo otro hasta la siega; y al tiempo de la siega yo diré a los segadores: Recoged primero la cizaña, y atadla en manojos para quemarla; pero recoged el trigo en mi granero."*
>
> Mateo 13:30

Oración: Hoy me deshago de toda cizaña que busca asfixiar mis sueños. Hoy cierro mis oídos a las palabras del enemigo pronunciadas por los que me rodean. Me cierro contra toda palabra de desaliento, imposibilidad y temor. Escrito está que lo que Tú quieres hacer, ¿quién lo estorbará? Yo confío en que todo es posible para el que Te cree Señor. ¡Gracias!

"Padre, aquellos que me has dado, quiero que donde yo estoy, también ellos estén conmigo, . . ."
Juan 17:24a

Derriba Señor uno a uno los paradigmas que le hacen creer a mi alma que Tú y yo estamos separados.

Día 61: Hoy le creo a Dios por cosas mayores y nuevas

"Dijo Zacarías al ángel: ¿En qué conoceré esto? Porque yo soy viejo, y mi mujer es de edad avanzada."

Lucas 1:18

El ángel Gabriel trajo maravillosas noticias a Zacarías: a pesar de la esterilidad de Elisabet, su esposa, y la avanzada edad de ambos (verso 7), ella dará a luz un hijo que tendrá un nombre nuevo y diferente: Juan (no Zacarías II ni Zacarías Junior). Además el poderoso Ángel le advierte que "será grande delante de Dios" (verso 15) y por si fuera poco, desde ya le asigna una gran misión: Ese niño Juan, cuando crezca "hará que muchos de los hijos de Israel se conviertan al Señor Dios de ellos" (verso 16). Zacarías era un líder espiritual; él y su esposa "andaban irreprensibles en todos los mandamientos y ordenanzas del Señor" (verso 6). Por eso estaba ministrando en el templo ese día, y si todo eso fuera poco, él estaba viendo con sus propios ojos delante de sí la gloria del ángel Gabriel en su esplendor. Sin embargo, su pregunta fue inesperada creo que incluso para Gabriel: "¿En qué conoceré esto? Porque yo soy viejo, y mi mujer es de edad avanzada" (verso 18). En otras palabras: "Gracias por el mensaje ángel pero ¿cómo es posible que algo así suceda? No es posible ni lógico, no hace sentido . . . Ya somos viejos y estériles, creo que es demasiado tarde Señor." Dos fuerzas opuestas colisionaron: por un lado, la Palabra de Dios, verdadera e irrefutable, y por otro, la mente de Zacarías que era, (como muchas veces la tuya y la mía) demasiado estrecha para concebir la Verdad.

¿Qué clase de verdad cabe hoy en tu mente? ¿Está saturada por la costumbre y lo que siempre se ha hecho, o tienes espacio para creer por cosas mayores? A veces, sin percatarnos, limitamos la Verdad para que quepa en nuestra mente (así nace la religión) en vez de ensanchar nuestra fe para abarcarla. Pero, ¿podemos minimizar al tren para que pase a través del túnel del parque infantil? No, es necesario derribar el pequeño parque y construir un mayor riel. La gran colisión entre la Verdad y nuestra fe debe pulverizar nuestras fortalezas y paradigmas en vez de intentar minimizar a Dios. Debemos ensanchar nuestras posibilidades con Dios en vez de limitarlo, jugando nosotros a ser dioses. ¿Sabes lo que hizo el ángel cuando oyó a Zacarías negándose a la Verdad? Protegerlo a él y a los demás de sus palabras de incredulidad. ¿Cómo? Dejándole mudo:

"Y ahora quedarás mudo y no podrás hablar, hasta el día en que esto se haga, por cuanto no creíste mis palabras, las cuales se cumplirán a su tiempo."

Lucas 1:20

Oración: Señor, ayúdame a ser flexible. Renueva mi mente para que Tu Palabra halle espacio en ella y pueda entrar. Ayúdame a entender que contigo las fórmulas no funcionan ni los paradigmas. Tú eres creativo y sobre natural, y ti Gracia es multiforme así que derriba toda rigidez religiosa en mí y toda altivez que se levante contra Tu conocimiento. Gracias por renovarme Señor.

Día 62: Hoy le doy la bienvenida a los retos

"El día que clamé, me respondiste; Me fortaleciste con vigor en mi alma."

Salmos 138:3

Una vez escuché de una tribu indígena en la que cuando una mujer daba a luz gemelos, era castigada como adúltera porque ellos creían que cada bebé provenía de un padre diferente. Imagino que las mismas mujeres embarazadas también lo creían hasta que les pasó a ellas. Al igual que nosotros, ellos tenían una intensa necesidad de conectar los efectos con sus causas para poder sentirse en control. ¿Cuántas veces narramos detalladamente todas las razones climáticas (el calor, la lluvia, el aire acondicionado) que nos causaron un simple resfriado? Necesitamos conectar la consecuencia con su causa para tratar de comprender el mundo y anticiparnos, de modo que no volvamos a sufrir lo mismo. De esa forma logramos disminuir (o al menos eso creemos) en la medida de lo posible el impacto psicológico de uno de nuestros más grandes enemigos: la incertidumbre.

Pero ¿qué tal si esa circunstancia que confrontas no proviniese de una causa en tu pasado sino de una oportunidad en tu futuro? ¿Qué tal si esa prueba que parece tan amenazante solo ocurriera para desarrollar nuestro carácter, de modo que cumplamos nuestro destino? A lo largo de la Biblia vemos como los hombres y mujeres a quienes Dios usó con poder, confrontaron retos que no eran castigos por sus errores sino por el contrario trampolines para desarrollar al máximo su potencial. David enfrentó grandes pruebas (como por ejemplo Goliat), alcanzando fama, riqueza e influencia, y acá podemos ver una de las causas de sus grandes logros: cuando clamaba a Dios por ayuda, Dios no lo sacaba del problema sino que lo "fortalecía con vigor en su alma." ¿Para qué? Para que avanzara por más. ¿Dónde se desarrolla el guerrero? En la batalla. ¿Y el atleta? En la cancha, en el gimnasio, esforzándose. Moisés se hizo manso a través de años en el desierto; solo así podría guiar al pueblo Hebreo a la libertad a través de él. Abraham debió dejar lo conocido (su tierra y su parentela) para cumplir su propósito patriarcal. Jesús estuvo cuarenta días sin comer ni beber en el desierto antes de ser investido con poder, y hubo de beber la copa de la Cruz para luego resucitar. Dios no juega al azar lanzando dados para decidir el futuro de Sus hijos. Cada reto que afrontamos tiene una razón y un fin. Cuando Dios te saque de tu zona de confort, no te quejes acerca del lugar de donde te sacó sino está atento adonde te llevará.

> *"Oyéndolo Jesús, dijo: Esta enfermedad no es para muerte, sino para la gloria de Dios, para que el Hijo de Dios sea glorificado por ella."*
>
> Juan 11:4

Oración: Gracias Señor porque cada reto presente es un bendición Tuya que está lista para ser entregada. Ayúdame a comprender que Tú siempre me cuidas y me guías, y que las aparentes amenazas y obstáculos son únicamente la manera de fortalecerme para darme un mejor futuro, a mí y a los míos. Gracias Padre. Por favor aumenta mi fe y mi valor.

Día 63: Dios quiere bendecirme hoy

"E invocó Jabes al Dios de Israel, diciendo: ¡Oh, sí me dieras bendición, y ensancharas mi territorio, y si tu mano estuviera conmigo, y me libraras de mal, para que no me dañe! Y le otorgó Dios lo que pidió."

1 Crónicas 4:10

Mientras leía esta oración de parte de Jabes, debo confesar que inconscientemente esperaba que al final de ella, él se comprometiera a hacer algo como por ejemplo: "te daré mis ofrendas o te seguiré y te serviré siempre Señor, etc." Mi mente esperaba el apropiado sacrificio para obtener semejante Gracia pero Dios no es así. Tuve que releerla varias veces para entender que Jabes simplemente estaba invocando a su Dios, manifestándole su deseo, imaginando lo bueno que sería su vida y la de su familia si el Señor le concediera esas cuatro cosas en las que meditaba: bendecirlo, ensanchar su territorio, que Su mano estuviese con él y que lo librara del mal, para que no sufriese daño alguno. Jabes no estaba ofreciendo nada a cambio, solo le manifestaba a su Creador cuán maravilloso sería tener todo eso de parte de Él, y ¡Dios se lo otorgó! Se lo otorgó todo, sin ningún sacrificio a cambio, sin penitencia, sin dolor . . .

Jabes era "más ilustre que sus hermanos" (verso 9), y pienso que esto se debía a su profundo entendimiento espiritual (no religioso). Este hombre no se enfocó en sí mismo, en tratar de hacerse digno de recibir algo o de mantener una moral intachable, no. Tampoco se comprometió a servir todos los domingos en la Iglesia (lo cual no tiene nada de malo, claro) ni se le ocurrió que debía sufrir ninguna forma de sacrificio, penitencia o tormento. Él oraba así porque conocía al Padre y entendía la inmensa generosidad de Dios para con Sus hijos. Eso fue lo que le pidió, aquello que ya Dios quería darle. Tú y yo, que también estamos bajo Su pacto, debemos aprender a pedirle del mismo modo todo aquello que ya Él quiere darnos. Al leer lo que Jabes anhelaba podemos concluir que era un hombre de fe: quería todo eso, no menos, y se lo pedía confiadamente al único que podía otorgárselo. Solo una persona que mantiene una comunión con Dios puede tener la confianza de acercarse a Él y pedirle lo que su corazón anhela, como lo hace mi familia conmigo cuando pasamos frente a una tienda que verdaderamente les atraiga. Dios es un Dios de recompensas pero también de favor, y te puede otorgar los deseos de tu corazón, si a Él le agradan. La pregunta entonces es: ¿Cuan parecidos son los deseos de tu corazón a los del Suyo?

"Deléitate asimismo en Jehová, Y él te concederá las peticiones de tu corazón."

Salmos 37:4

Oración: Gracias Padre porque te complaces bendiciéndome y solo me niegas aquello para lo que no estoy aún preparado. Por eso me entrenas, me retas y estrechas, para darme más. Gracias porque mi éxito y plenitud no depende de mis virtudes sino de Tu infinita Gracia. Bendíceme, ensancha mi territorio, que Tu mano siempre esté conmigo y me guardes del mal para que no me dañe a mí ni a los míos. ¡Amén!.

Día 64: Hoy me reconcilio con Dios y los hombres

"Y se hicieron amigos Pilato y Herodes aquel día; porque antes estaban enemistados entre sí."

Lucas 23:12

Pilato temía condenar a Jesús. Sabía que algo estaba mal en eso y trató de transferirle la responsabilidad de la decisión a Herodes quien, por suerte para el primero, se hallaba en ese momento de visita en Jerusalén. Éste último, por su parte, se alegró mucho cuando supo que vería a Jesús porque esperaba que el Señor hiciera algún prodigio para deleitarlo. Este rey no tenía temor alguno de Dios y creía estar por encima de toda autoridad, aún las Celestiales. Pero como Jesús no respondió a ningunas de sus muchas preguntas ni atendió a sus requerimientos infantiles, los fariseos y escribas (quienes fueron hasta el palacio tan solo para congregarse allí en contra del Maestro) lo acusaron vehementemente, mientras que Herodes, molesto porque no lo divirtió como él quería y creía merecer, junto a sus soldados, lo menospreciaron y escarnecieron, y lo vistieron con ropas espléndidas (versos 10-11) para burlarse de Él y golpearlo. Para Jesús, esto apenas representaba el inicio de Sus tormentos . . .

El pueblo judío esperaba al Mesías que lo liberaría de la mano de su enemigo y conquistador: los romanos. Sin embargo, en su odio contra el

Señor, se sometieron aún más a estos. Esta confabulación entre acérrimos enemigos: conquistador y conquistado, el poder político y el religioso, todo solo con fin de eliminar a Jesús, es una de las mayores pruebas de Su existencia, significancia y grandeza. Todo un ejército de impíos, llenos de maldad, se hallaban alineados bajo un único objetivo pero, ¿cómo es posible unir a gente así, tan poco confiables y con opuestos intereses? ¿Cómo se pusieron todos rápidamente de acuerdo en que el Mesías debía morir? Porque estaban bajo el poder de las tinieblas . . . Pero Jesús permaneció firme, enfocado, no abrió Su boca, y Su amor es tan grande que hasta los arrogantes y prepotentes rivales (Pilato y Herodes), se reconciliaron a través de su rechazo a Jesús. De verdad que el amor y el poder de Dios no tienen límite imaginable. Él hizo todas las cosas perfectas, y el Todopoderoso, Alto y Sublime, es más humilde que una hoja seca o que las cenizas de una chimenea. De modo que, sigamos Su ejemplo, reconciliémonos primeramente con Él y luego pidámosle que nos ayude a reconciliarnos con nuestros seres queridos, amigos y, por supuesto, con nuestros enemigos.

> *"mas si no perdonáis a los hombres sus ofensas, tampoco vuestro Padre os perdonará vuestras ofensas."*
>
> Mateo 6:15

Oración: Santo Espíritu. Ayúdame a perdonar a los que me han dañado. Líbrame de los recuerdos del pasado, de toda falta de perdón en mi alma, de todo rencor que me amarga. Restaura mi alma, mis pensamientos. Límpiame con Tu amor. Sé que si no perdono, Tú no puedes perdonarme porque todos hemos pecado. Guíame Señor, ablanda mi orgullo.

Día 65: *Hoy recibo sanidad en mi alma y cuerpo*

"Cuando vieron esto los fariseos, dijeron a los discípulos: ¿Por qué come vuestro Maestro con los publicanos y pecadores? Al oír esto Jesús, les dijo: Los sanos no tienen necesidad de médico, sino los enfermos."

Mateo 9:11-12

Cuando Adán y Eva comieron (meditaron, masticaron, digirieron) del fruto del árbol del bien y del mal, éste último (al bien ya lo conocían) entró por primera vez en sus mentes y corazones. Como la pequeña cañería de aguas negras que desemboca en el limpio río, así entró el pecado en el alma del hombre y sobrevino la separación de Dios, la dualidad: el bien y el mal, la vida y la muerte, la bendición y la maldición. Dios les había advertido que si comían de ese fruto ciertamente morirían (Génesis 2:17) pero no se refería a que perecerían de inmediato físicamente (de hecho ambos vivieron muchísimos años después de su expulsión de Edén), sino a que perderían su comunión espiritual con Dios. Y así fue. Nació la separación. En ese momento, aunque invisible a los ojos de Adán y Eva, una semilla de muerte de parte de satanás fue sembrada en sus almas . . . Y su fruto pasa de generación a generación hasta que un hijo se levanta a invocar el nombre de Jesús, y rompe la maldición (Gálatas 3:13)

Una vez más los judíos buscaban argumentos para criticar y atacar a Jesús, por eso pretendían juzgarlo en su conducta (comía con pecadores y corruptos) pero Él, por el contrario, no se defiende sino que les responde en términos de sanidad. Jesús sabe que el origen de la enfermedad es el pecado. Por eso Él tiene que sanar primero nuestra alma: sacar el rencor, la vergüenza, la codicia y la envidia, y cortar, con infinito amor paternal, cada una de las ataduras que nos atormentan y oprimen, para que seamos completamente libres. Por eso Pedro dice que el amor "cubrirá multitud de pecados." (1 Pedro 4:8). La enfermedad no es un castigo de Dios por el pecado. Lo que pasa es que esa semilla de separación y muerte pasa de generación a generación, y del mismo modo como solo Jesús puede limpiar tus pecados, solo Él puede libertarte completamente; arrancar, expulsar y desarraigar toda raíz de enfermedad (espiritual, mental y física). Él es el Sanador por excelencia. Todos los enfermos fueron, sin excepción, sanados y liberados en Su Presencia, y Él es el mismo hoy y siempre. Déjalo llenarte de Sí mismo, recibe una transfusión de Su preciosa sangre derramada en el Calvario por ti. La sanidad de tu cuerpo comienza en tu alma:

> *"Y él le dijo: Hija, tu fe te ha hecho salva* [su alma]*; ve en paz, y queda sana de tu azote* [su cuerpo]*."*
>
> Marcos 5:34

Oración: Líbrame Jesús de la religiosidad y dame un corazón sincero delante de Ti. Ayúdame a no juzgar para no ser juzgado. Sálvame y líbrame de todo azote. En el nombre de Jesús, ¡amén!

Día 66: Hoy soy guiado por tu Espíritu

"Porque todos los que son guiados por el Espíritu de Dios, éstos son hijos de Dios."

Romanos 8:14

En el mundo natural, tú puedes ignorar e incluso detestar a tu padre y seguirte llamando su hijo, pero no es así en el mundo espiritual. De hecho, la decisión de ser o no llamados hijos de Dios, no descansa en nosotros sino en Él. Después de todo, es el padre quien reconoce al hijo y no al revés; y un hijo no adopta al padre sino viceversa. Es una catástrofe que la humanidad confunda el haber sido creados por Dios con el privilegio de ser Sus hijos, del mismo modo que confunde el respetar un código moral (religión) con el tener una relación con el Espíritu de Dios. Ambas son cosas muy diferentes . . .

¿Qué es lo que más disfrutas de tus hijos, el tiempo de diversión con ellos o su perfecta conducta porque respetan todos tus mandatos (a veces por miedo, claro está)? Tu moral nunca te va a hacer digno de Dios ni te va a llevar al Cielo. Por eso Salomón escribió: "Todo camino del hombre es recto en su propia opinión; Pero Jehová pesa los corazones." (Proverbios 21:2) Lo que te hace hijo de Dios no es tu propia justicia ni compararte con los que consideras menos espirituales sino el "ser guiado por el Espíritu de Dios," porque solamente "éstos son hijos de Dios." Constantemente escucho frases como "yo tengo a mi propio dios" o "yo me relaciono con Él a mi manera," pero lo cierto es que solo nos podemos relacionar con Dios a Su manera, no a la nuestra. ¡Él es el Señor, no nosotros! Solo nuestra ignorancia unida a nuestra arrogancia osa pretender que nosotros definamos y sustentemos esa relación. ¿Es acaso el bebé quien decide como ser tratado? ¿Es acaso el niño quien escoge como ser disciplinado? Muchos de nosotros jugamos a ser como ese adolescente rebelde que sueña con dominar, con ser el que decide, el que controla, pero solo somos como el niño travieso que grita en la tienda para presionar a mamá para que le compre un juguete . . . Afortunadamente Dios no es manipulable. En Juan 15:14 Jesús dice: "Si me amáis, guardad mis mandamientos." En este contexto "guardar Sus mandamientos" significa atesorar Sus Enseñanzas, apreciar Sus consejos, valorar Su Gracia. De acuerdo con la Biblia, solo aquel que atesora el consejo de Su Padre es digno de llamarse Su hijo, y no puedes atesorar Su Palabra si no pasas tiempo a Sus pies, escuchándola o leyéndola. No te demores más, búscalo de corazón:

"porque no es aprobado el que se alaba a sí mismo, sino aquel a quien Dios alaba."

2 Corintios 10:18

Oración: Espíritu Santo, guíame, no tengo mayor anhelo que ser guiado por Tu Espíritu, no tengo mayor deseo que ser llamado Tu hijo. Ayúdame a escuchar Tu voz, a entender Tu voluntad y a no dudar en obedecerte diligentemente, siempre. Gracias por ser tan buen Padre.

Día 67: Hoy le doy gloria solo a Dios

"¿Cómo podéis vosotros creer, pues recibís gloria los unos de los otros, y no buscáis la gloria que viene del Dios único?"

Juan 5:44

¿Sabes por qué algunas personas no creen en Jesús? Porque reciben (y se dan) gloria unos a otros. ¿Te has fijado cómo muchos líderes, artistas y deportistas son idolatrados (un nivel de exaltación mucho más allá que lo que podríamos llamar "admirados")? Controversiales personajes en los medios de comunicación son exaltados y ciegamente seguidos por sus riquezas y excentricismos, a pesar de lo poco respetable de sus conductas y, muchas veces, de sus desastrosas vidas. Políticos que se creen dueños de las naciones que lideran; artistas dispuestos a todo para permanecer "en la gloria;" estrellas del deporte que entran a las canchas con la arrogancia de un rey que entra a la ciudad que acaba de conquistar. En mi Venezuela, algunos admiradores del difunto presidente Chávez lo llaman: "el supremo y el eterno comandante," pero solo Uno es Eterno y Supremo ("sobre todo nombre que se nombra" Efesios 1:21), y si creyéramos más en Él, gloriaríamos menos a otros. El problema no es que honremos al hombre, no hay nada malo en una sana admiración hacia aquellos que nos inspiran. El problema según lo explica acá Jesús es que, al recibir gloria los unos de los otros, minimizamos al Señor, y por eso no creemos en Él.

¿Puedes comprender más allá del puro intelecto, por ejemplo, que el universo es trillones de veces mayor que nuestro sistema solar? ¿Puedes realmente concebirlo? Si al igual que yo, te es imposible dimensionarlo, quizás sea porque el sol, proporcionalmente minúsculo, se ve más grande y brillante desde la tierra por el simple hecho de que está más cerca. Asimismo, si te enfocas en el hombre, no puedes concebir la magnificencia del Creador. Creo que un aspecto del carácter de Jesús que le permitió mantener una vida libre de pecado y perseverar sobre toda tentación, literalmente hasta la muerte (teniendo en Sus manos en todo momento el poder absoluto para librarse, Mateo 26:53), es porque solo buscaba la gloria de Su Abba. Por eso dijo: "Gloria de los hombres no recibo." (Juan 5:41). Admira, imita lo bueno, déjate inspirar por grandes personalidades e inspira a aquellos a tu alcance. Pero toma cuidados extremos con los aduladores porque es fácil caer en la trampa de sus bocas y olvidarnos de quien es el Rey y Señor. Nunca te tomes la gloria que no te pertenece ni tampoco se la des a otros:

"Mas el que se gloría, gloríese en el Señor; porque no es aprobado el que se alaba a sí mismo, sino aquel a quien Dios alaba."
2 Corintios 10:17-18

Oración: Padre, bendíceme pero que yo nunca me gloría de mí mismo sino en Ti Señor, solamente en Ti. Que yo camine cada día de mi vida procurando Tu gloria, no la mía Señor. Que siempre seas mi primera opción, mi prioridad, lo primordial, y las primicias de mi mente, vida, tiempo y dinero sean siempre para Ti. Gracias Jesús.

Día 68: Hoy busco al Dios vivo

"y como tuvieron temor, y bajaron el rostro a tierra, les dijeron:
¿Por qué buscáis entre los muertos al que vive?"

Lucas 24:5

María Magdalena y otras mujeres habían ido muy de mañana al sepulcro, con especies aromáticas para honrar y ungir el cuerpo del Señor, pero la piedra había sido removida y mientras ellas estaban perplejas por lo ocurrido, dos "varones con vestiduras resplandecientes" le hicieron la pregunta que más amo en toda la Biblia y que destruye con nueve palabras, toda la idolatría, todas las religiones, los rituales externos con sus tradiciones humanas, y la adoración de reliquias e imágenes: "¿Por qué buscáis entre los muertos al que vive?"

Jesucristo murió en la más dolorosa de todas las muertes posibles, crucificado; pero también resucitó después de entre los muertos. Él se hizo pobre pero solo para que por Su pobreza tú y yo seamos enriquecidos (2 Corintios 8:9). Él se hizo maldito pero solo para que nosotros seamos benditos una vez consumado Su sacrificio (Gálatas 3:13). Fue herido y molido por nuestros pecados pero solo así pudo borrar nuestras rebeliones y errores (Isaías 53:5). Su cuerpo inmaculado fue hecho una llaga pero allí mismo todos nosotros fuimos, a través de Su dolor, curados (Isaías 53:5). Con una corona de espinas maltrataron su cráneo (Mateo 27:29) para sembrar cizaña en Su mente pero no lo lograron, y Él nos dio asimismo la mente de Cristo (1 Corintios 2:16). El más alto poder político y el más alto poder religioso se unieron, por primera vez en la historia y bajo la guía del maligno, para destruirlo, pero no lo lograron. Enemigos durante generaciones ahora se confabulaban contra Él, pero ¡Cristo venció! Él no fundó una religión ni un partido político; Jesús no es socialista, capitalista ni comunista, no es un activista ni feminista, Él es el Rey de reyes y Señor de señores, el Alfa y la Omega, el Principio y el Fin, el Eterno, el Creador de los Cielos y la Tierra, el Redentor, el Salvador del mundo, el Libertador, Príncipe de Paz. Él no habita en crucifijos ni edificios sino que mora en Sus hijos. Si tú le crees, Él se muda a ti y te hace allí Su templo. No lo busques entre los muertos porque está vivo. Tú no buscas agua en los cementerios ni esperanza en los huesos secos. Él murió pero resucitó, encuentra Su inmenso amor en la cruz pero busca Su esperanza en la tumba abierta porque Él es el mismo "ayer, y hoy, y por los siglos." Hebreos 13:8

> *"Pero decían entre sí: ¿Quién nos removerá la piedra de la entrada del sepulcro? Pero cuando miraron, vieron removida la piedra, que era muy grande."*
>
> Marcos 16:3-4

Oración: Hoy me deshago de todo intento humano de representar religiosamente Tu gloria. Hoy renuncio a la idolatría y me centro en Ti que eres la Vida. Yo te busco a Ti dentro de mí y a mí alrededor, no en objetos muertos ni en tradiciones de hombres. Gracias Jehová.

Día 69: Hoy le doy a Dios toda la gloria

"El rey se alegra en tu poder, oh Jehová; Y en tu salvación, "¡cómo se goza!"

Salmos 21:1

David era un rey muy poderoso; un gran líder lleno de fama y riquezas quien sin embargo, sabía de adonde provenían su poder y su salvación: De Dios. David no se tomaba la gloria ajena sino que honraba a Aquel que se la otorgó. ¿Te imaginas al nuevo presidente de tu país que, al momento de asumir su cargo reconociera, delante de los medios de comunicación y de toda la nación, que su poder viene solo de Dios y que, junto a su alegría por el éxito, se goza en Dios por Su salvación? ¿O al director general de la empresa donde laboras, clamándole a Dios por Su favor al momento de asumir ese cargo o iniciar un nuevo contrato? Esa es exactamente la humildad y sensatez que todos necesitamos . . . no solo el presidente o el gerente, ¡todos! Por eso Dios advierte que, una vez alcancemos del bien que Él nos ha prometido, no vayamos a decir: "Mi poder y la fuerza de mi mano me han traído esta riqueza," (Deuteronomio 8:17).

Y tú, ¿te alegras cuando ves el poder de Dios en tu vida o te olvidas de Él en el instante en que el problema está resuelto o el reto superado? Muchos clamamos a Dios en la necesidad pero pocos lo hacemos cuando nos sonríe el éxito; muchos le pedimos ayuda en la batalla pero pocos celebramos con Él la victoria. En el momento que superamos la dificultad nuestra mente se distrae y, en medio de la complacencia, nuestro viejo ego se cuela silencioso y se apodera de la gloria. Pero a lo largo de la Biblia vemos que los personajes más exitosos buscan y honran a Dios en las buenas y en las malas, enfermos o sanos, en abundancia o escasez. Dios no es digno cuando te otorga algo sino siempre porque es el Señor del universo. No es digno porque te bendijo, Él te creó y te compró antes de que nacieras, entregando por ti a Su propio hijo para darte vida. Su majestad no depende de si te va bien o no. ¿Acaso el presidente de tu país deja de serlo cuando tú te enfermas, tienes desaliento o confrontas problemas económicos? Por supuesto que no. Lo que Él merece es independiente de ti y de cómo vayan tus asuntos. Por eso David declaraba: "Bendeciré a Jehová en todo tiempo; Su alabanza estará de continuo en mi boca (Salmos 34:1) ¿Qué te parece si nos fijamos un poco menos en nuestros problemas y un poco más en Su grandeza? ¿Menos en lo que necesitamos y más en lo que ya tenemos? Seamos agradecidos, alegrémonos por Su poder en nuestras vidas y gocémonos por Su salvación.

". . . pero separados de mí nada podéis hacer." Juan 15:5b

Oración: Yo junto a David declaro que no hay bien para mí fuera de Ti Señor. Yo reconozco que Tú eres la única fuente de todo el bien en mi vida, en mi familia, en la tierra y en el universo. Que toda bendición y todo don espiritual, intelectual, sentimental, físico, social y material es proveído por Tu generosidad y Tu benevolencia. Gracias por crear un lugar tan maravilloso como el planeta donde nos pusiste Señor.

Día 70: *Hoy le doy el control a quien lo tiene*

"¿No se venden cinco pajarillos por dos cuartos? Con todo, ni uno de ellos está olvidado delante de Dios. Pues aun los cabellos de vuestra cabeza están todos contados. No temáis, pues; más valéis vosotros que muchos pajarillos."

Lucas 12:6-7

¿Qué es lo que te mantiene despierto por las noches? ¿Hay algo que te causa angustia porque no encuentras la solución, el camino, la respuesta? Recuerdo un vuelo donde, en medio de una desagradable turbulencia que no me dejaba relajarme, un bebé dormía profundamente abrazado al regazo de su madre. Creo que ese pequeño sabía que aún los pocos cabellos de su cabecita están contados, y que él, delante de su Padre, vale más que muchos pajarillos. Ahora bien, ¿por qué no logramos percatarnos de lo valiosos que somos? ¿Qué es lo que nos aparta de la verdad y bloquea nuestra capacidad de creerle a Dios Su Palabra? ¿Por qué no podemos vivir en paz, viéndonos como Él nos ve y sabiendo que Él efectivamente nos cuida y ama?

Genéticamente estamos programados para sobrevivir y por eso nos urge una intensa necesidad de control. Queremos sentirnos seguros y con frecuencia, persiguiendo esa seguridad, arriesgamos algo mucho mayor:

nuestra alma. Por un lado sabemos que existe algo mayor, que hay algo "más allá" pero por el otro, confiamos más en lo que podemos ver y palpar, y así nos inventamos un dios abstracto, no muy real, un dios que a veces escucha y otras veces no, que a algunos ayuda pero a otros no, pero eso es absurdo y no es bíblico, y solo un loco le ora a un dios al que no le cree. Dios es Uno (Deuteronomio 6:4) y no hace acepción de personas (Deuteronomio 10:17, Hechos 10:34). Tenemos que reprogramarnos hasta entender a la persona de Dios, del Espíritu Santo. Él no puede guiarte si tú no buscas Su guía; no puede instruirte si no Le crees; no puede hablarle a quien no tiene tiempo para escuchar ni tiene un corazón humilde y deseoso de aprender. ¿Cómo aconsejarías a un hijo quien siempre te ignora, que no te escucha, que no valora en absoluto tu opinión y que, en vez de corazón agradecido, solo tiene rebelión contra ti? Con certeza te digo que Dios no se ha olvidado de ti pero a lo mejor tú si te has olvidado de Él. Reconcíliate, ahora mismo, no esperes más, Jesucristo reconstruyó el puente para que tengas acceso directo a Él y vivas en paz, tú y los tuyos pero es necesario que Le creas:

> *"Pero sin fe es imposible agradar a Dios; porque es necesario que el que se acerca a Dios crea que le hay, y que es galardonador de los que le buscan."*
>
> Hebreos 11:6

Oración: Señor, perdona mis rebeliones y mi arrogancia. Quiero reconciliarme contigo y soltar el excesivo control que procuro imponer a mi vida. Yo no soy dios, Tú eres Dios Señor. Perdona mi jactancia Señor, transfórmame. Ayúdame a pasar más tiempo contigo. ¡Amén!

Día 71: Hoy adoro solamente al Dios verdadero

"Los ídolos de las naciones son plata y oro, Obra de manos de hombres. Tienen boca, y no hablan; Tienen ojos, y no ven; Tienen orejas, y no oyen; Tampoco hay aliento en sus bocas. Semejantes a ellos son los que los hacen, Y todos los que en ellos confían."

Salmos 115:15-18

En la primera oportunidad en que Moisés dejó al pueblo solo, éstos se construyeron un becerro de oro y comenzaron a adorarlo (Deuteronomio 9:16). ¿No es increíble? Ellos habían visto la ira de Dios caer como plagas sobre Egipto, la columna de fuego cada noche y la nube cubriéndolos cada día; habían comido el maná que caía del cielo, bebido agua de una peña y deleitado con codornices cuando pidieron carne, ¿cómo pudieron olvidar todo tan pronto y adorar a un objeto? ¿Cómo pudieron buscar en una estatua a Aquel que abrió el mar delante de sus propios ojos? A pesar de su libertad seguían siendo esclavos. Querían adorar a Dios pero no le conocían. Solo conociendo la verdad seremos libres (Juan 8:31-32) mientras perecemos por falta de conocimiento (Oseas 4:6).

Como el murciélago que dentro de su cueva ignora la luz del día, obviamos lo espiritual cegados por lo natural. Creemos en lo que podemos ver y palpar, cometiendo un grave error porque el mundo espiritual es más real que el visible (2 Corintios 4:18). Por eso Jesús dijo "bienaventurados los que no vieron, y creyeron" (Juan 20:27). Debemos aprender a adorar con absoluta certeza a Aquel a quien no podemos ver, sujetarnos a Él como si estuviéramos "viendo al Invisible" (Hebreos 11:27) y a usar los lentes de Su Palabra para interpretarlo todo. Pablo dice que la fe es la "convicción de lo que no se ve" (Hebreos 11:1b) porque, aunque no lo podamos medir o abrazar, es real. Toda representación de Dios limitará nuestra percepción de Él. Esa imagen "tiene boca pero no habla" mientras Dios sí; no tiene "aliento en su boca" pero Dios puso vida en la tuya. ¿Te enamorarías de un maniquí? No, porque sabes que no contiene un espíritu humano, entonces, ¿cómo podría contener al de Dios? Si confiamos en una imagen nos hacemos semejantes a ella porque ofendemos a Dios en vez de exaltarlo, lo "envasamos." Lejos de incrementar tu fe, la limita. Por eso nuestro Creador, que quiere ensancharnos, expandirnos, levantarnos, nos ordena:

"No tendrás dioses ajenos delante de mí. No te harás imagen, ni ninguna semejanza de lo que esté arriba en el cielo, ni abajo en la tierra, ni en las aguas debajo de la tierra. No te inclinarás a ellas, ni las honrarás; porque yo soy Jehová tu Dios, fuerte, celoso . . ."

Éxodo 20:3-5

Oración: Hoy rechazo a toda forma de idolatría porque sé que Te ofende y te duele Señor ya que al limitarte en mi mente, me pierdo muchas de Tus bendiciones. Hoy me declaro libre, en el Nombre de Jesús, de todo nexo con objetos religiosos, con la hechicería y con la idolatría. Amén.

Día 72: Hoy te dejo obrar en mí Señor

"Todo aquel que es nacido de Dios, no practica el pecado, porque la simiente de Dios permanece en él; y no puede pecar, porque es nacido de Dios."

1 Juan 3:9

Pecar significa errar y ocurre cuando tomamos decisiones opuestas a la voluntad de Dios. Todos pecamos (Romanos 3:23) pero una cosa es errar y otra muy diferente es practicar el pecado. Cuando te esfuerzas por ser mejor según tu propia moral y procuras deshacerte de malos hábitos y costumbres, haces algo muy bueno y respetable pero, con frecuencia, es como podar un árbol: tarde o temprano retoña la rama, y con el mismo fruto. Pero cuando recibes a Cristo como tú único y suficiente Salvador, cuando lo invitas a morar en ti, Él te hace una nueva criatura (2 Corintios 5:17), naces de nuevo pero *"de Dios."* Ahora la raíz misma es transformada y por ende también lo son el árbol, las ramas, sus hojas, flores y fruto. Cuando ves el nuevo fruto ya no te acuerdas de cómo era la planta anterior porque ahora es diferente. Lo mismo pasa contigo, puedes cometer errores, claro está, pero ya no puedes practicar el pecado.

No sé de qué práctica o mal hábito quieres librarte hoy. No sé de qué clase de error quieras apartarte para que tu vida junto a la de los tuyos puedan avanzar con verdadera satisfacción. No sé de qué quieres ser libre. Quizás de una tendencia a comer en exceso, un carácter violento o una práctica sexual que te degrada; o puede ser esa costumbre de subestimar y agredir a otros, y a ti mismo. A lo mejor es tu orgullo el que está fuera de control o tienes una adicción secreta que no te permite dormir en paz. Sea lo que sea: no sigas luchando con tus solas fuerzas. El pecado, cuando está entretejido en tu alma, no puede vencerse con disciplina o perseverancia sino con la Sangre de Cristo. Tu carácter no va a ser realmente transformado porque estés constantemente atento a él sino por la Presencia del Espíritu Santo. No se trata de ti ni de mí sino de Él en nosotros. No se trata de lo que Él hará sino de lo que ya hizo. No trates de cambiar la superficie, déjalo transformarte adentro. No es maquillaje, es nacer de nuevo. No se trata tampoco de que hagas algo sino de que lo dejes obrar en ti. No te afanes tratando de sacar de ti el mal sino deja entrar al que es el Bien; no pelees con la oscuridad, solo enciende Su luz. Déjalo llenarte de Su amor, de Su santidad, de Su poder. Si lo invitas sinceramente a señorear sobre tu vida, a ejercer amoroso dominio sobre tu alma; si le ofreces un cómodo asiento en tu mente y anhelas sentarte a Su mesa, claro, podrás equivocarte, pero no podrás pecar.

"Nosotros somos de Dios; el que conoce a Dios, nos oye; el que no es de Dios, no nos oye. En esto conocemos el espíritu de verdad y el espíritu de error."

1 Juan 4:6

Oración: Hoy te dejo obrar en mí Señor. Hoy te reconozco como mi único y suficiente Señor y Salvador y dejo que dirijas mi vida. Hoy confieso que no puedo hacerlo yo porque separado de Ti, nada podemos hacer. Hoy no peleo con el mal sino dejo entrar al Bien. Hoy no peleo más con la oscuridad sino Te dejo entrar a Ti que eres la Luz. Gracias Señor porque me libras y restauras.

Día 73: Hoy inicio mi nueva vida en Cristo

"En cuanto a la pasada manera de vivir, despojaos del viejo hombre, que está viciado conforme a los deseos engañosos, . . ."

Efesios 4:22

Nadie luce un traje nuevo encima de otro viejo y sucio, sino que se quita completamente el anterior, se baña y se asea bien para luego ponerse el nuevo. Nadie ocupa una nueva casa sin barrerla y limpiar bien cada rincón. Solo después de asearla traerá a su familia, muebles y objetos personales. Más aún, cuando invitamos a nuestro hogar a alguien a quien apreciamos mucho o que es muy importante, aseamos y ordenamos toda el área, sacamos la mejor vajilla y nos aseguramos de que todo esté impecable y presentable; pero muchos de nosotros, a pesar de que decimos que Dios es lo más importante en nuestras vidas, invitamos sinceramente al Espíritu Santo para que more en nosotros mientras mantenemos espesas telarañas en los rincones de nuestra mente y oscuras manchas dentro de nuestro corazón. Así le pedimos a Él un vestido nuevo, blanco y limpio mientras queremos seguir usando nuestra ropa interior vieja, desgastada y maloliente, como quien barre y acumula la basura debajo de la alfombra.

Pero Pablo nos dice acá que esto pertenece al pasado, a nuestra antigua forma de vivir y que debemos despojarnos de ese traje sucio, expulsar a ese "yo" egoísta y arrogante que vive tan preocupado por lo que otros hacen o como se visten; que busca satisfacción adquiriendo lo que no necesita, y cuya prioridad es recibir más y dar menos porque está viciado (tiene vicio, falsa necesidad) conforme a deseos engañosos (cree necesitar aquello que no necesita). Muchos viven comparándose con otros, deseando lo que otros tienen, tratando de hacer lo que otros hacen y de alcanzar lo que aquellos logran. Parece que sus objetivos en la vida están completamente conectados a los de otros y solo igualándolos o superándolos pueden sentirse exitosos, pero esto siempre será errado porque en cualquier área, siempre habrá alguien quien vaya delante de ti, y otro quien venga detrás. Quizás hoy sea un buen día para revisar tus prioridades y descubrir a Aquel a quien si necesitas. Quizás hoy puedas preocuparte un poco más por tu cónyuge, dar reconocimiento a tus hijos o motivar a otros. Anímate, deshazte de ese viejo tú, y comienza a admirar y agradecer a Dios y a los que te rodean. Deja que Su agua viva refresque tu alma. Despójate de tu antiguo yo ahora mismo y dale paso al nuevo, al mejor tú que puedas ser, que solo florece cuando le das espacio a Él.

"De modo que si alguno está en Cristo, nueva criatura es; las cosas viejas pasaron; he aquí todas son hechas nuevas."

2 Corintios 5:17

Oración: Señor Jesús, gracias por re-crearme, por hacerme una nueva criatura en Ti. Mis trajes sucios y malolientes fueron sustituidos por nuevos, blancos y limpios, según Tu santidad y poder. Padre entra en mí para que esta limpieza permanezca por siempre en todo mí ser.

Día 74: Tú eres siempre bueno

"Jesús le dijo: ¿Por qué me llamas bueno? Ninguno hay bueno, sino sólo uno, Dios."

Marcos 10:18

Recientemente supe de una persona que, como su hija pequeña tenía apendicitis, pactó con Dios así: "Señor, si sanas a mi hija dejaré de beber, durante cuarenta días, ese café que tanto me gusta." Me encantaría preguntarle qué le exigió ella a su niña para llevarla al hospital. Seguramente me respondería: "por supuesto que nada, yo lo hice porque la amo," y yo me pregunto: ¿acaso Dios no? Durante siglos la religión nos ha enseñado que a Dios lo mueve el dolor y la lástima, que los pecados se borran con penitencia y no con la sangre de Cristo, que la disciplina de Dios supera Su Gracia. Por eso es tan frecuente la "penitencia," porque no entendemos Su amor. Si así fuese, ¿qué clase de Padre sería entonces el Señor? ¿Le pondrías una enfermedad a alguno de tus hijos para corregirlos o "tratar con ellos"? Una vez alguien me dijo: "cuando Dios quiere que descanse, me manda una gripe y me mete en cama dos días y ya." Es obvio que no entendía el amor de Dios. Él es siempre solamente bueno.

¿Te gusta que tus hijos te pidan lo que desean llorando? Supongo que no. En lo personal detesto la manipulación así que ni la lástima ni los dramas me mueven a atenderlos. Pero cuando tenemos nuestras largas caminatas conversando uno a uno con ellos, es diferente. Mientras más compartimos, más nos conocemos, y abriendo nuestros corazones es como nos amamos cada vez más. Allí los aconsejo y los bendigo. De igual forma lo que Él quiere es tu atención, tus oídos atentos a Su amor y a Su consejo, para poder bendecirte, liberarte, restaurarte. Él anhela relacionarse más contigo. Nunca te ha hecho daño ni mal alguno. Siempre te ha dado muchísimo más de lo que agradeces o siquiera te percatas. Él ha sido la fuente de tantas oportunidades que has desperdiciado y aún hoy, Él sigue tocando la puerta de tu corazón sin que Le abras. Dios no es injusto ni malvado, y atribuirle características que Él no tiene es blasfemia, un pecado grave del que debemos arrepentirnos. Dios corrige, no daña; disciplina, no agrede; protege, no destruye; libra, no esclaviza; es Vida, no muerte; te sana, no te enferma; perdona, no condena; es Bendición, no maldición; te prospera, no te empobrece; es bueno, no malo. Cuídate de atribuirle lo que Él no es convirtiéndote así en Su juez. Conócelo más y descubrirás que Él es siempre única y exclusivamente bueno . . .

> *"Toda buena dádiva y todo don perfecto desciende de lo alto, del Padre de las luces, en el cual no hay mudanza, ni sombra de variación."*
>
> Santiago 1:17

Oración: Gracias Padre porque a Ti no te mueve el dolor ni la lástima. Porque Tú no eres manipulable. Porque confías en nosotros y nos retas para darnos más y que vivamos mejor. Hoy me deshago de todo pensamiento de penitencia y de sufrimiento. Hoy entiendo que eres un buen Padre. Solo el diablo es opresor pero Tú nos libraste de él, para siempre. Gracias Jesucristo.

Día 75: Hoy escojo a Dios, por mí y por los míos

"A los cielos y a la tierra llamo por testigos hoy contra vosotros, que os he puesto delante la vida y la muerte, la bendición y la maldición; escoge, pues, la vida, para que vivas tú y tu descendencia;"

Deuteronomio 30:19

En los tiempos de la Biblia se requería el testimonio de dos o más testigos para acusar a alguien (Ver Mateo 18:16, 2 Corintios 13:11) por eso acá Dios, en Su absoluta fidelidad a Su propia Palabra, nos presenta un par de testigos poco comunes: los cielos y la tierra; y los usa para confrontarnos con una verdad irrefutable: no importa cuán confusas parezcan las circunstancias ni difíciles los retos, los seres humanos siempre tenemos dos opciones, dos posibilidades para escoger: Dios o no Dios. En cada circunstancia Él pone delante de nosotros "la vida y la muerte, la bendición y la maldición," el bien y el mal, lo recto y lo torcido, lo constructivo y lo destructivo, lo digno y lo indigno, lo alto y lo vil, la verdad y la mentira . . . Nosotros escogemos, no Él y, querámoslo o no, creámoslo o no, nos parezca justo o no, cada una de esas decisiones trae consigo consecuencias específicas. Muchas personas piensan que pueden escoger el mal y vivir bien, maldecir y ser bendecidos, sembrar dolor en otros y cosechar alegría en ellos, construir felicidad sobre la desgracia ajena y prosperar sobre la escasez de alguien más, pero no es posible. Pablo dice que: "Dios no puede ser burlado: pues todo lo que el hombre sembrare, eso también segará" (Gálatas 6:7), y Jesús dice: "¿Acaso se recogen uvas de los espinos, o higos de los abrojos? (Mateo 7:16) Solo si escoges la vida, vivirás "tú y tu descendencia." Si escoges mal, acéptalo cuando toque a tu puerta y no culpes a Dios por el resultado de tus decisiones.

Dios grabó en nuestra conciencia Su moral y la convicción de Su existencia: "Daré mi ley en su mente, y la escribiré en su corazón; y yo seré a ellos por Dios, y ellos me serán por pueblo" (Jeremías 31:33); pero nos hemos vueltos rebeldes, creyéndonos autosuficientes, decidiendo según nuestra "propia prudencia" (Proverbios 3:5). Hoy Dios nos invita a escogerlo a Él, a hacer Su voluntad, a buscar Su guía. En la famosa película Señora Doubtfire, Robin Williams, disfrazado de nana, observa sin aliento como su hija menor salta en los brazos del galán que al parecer no solo corteja a su ex-esposa sino también a sus hijos. ¡Que desesperante! No soportaría que mis hijos llamaran papá a otro hombre . . . sin embargo reiteradamente lo hacemos con Dios: decimos ser Sus hijos pero al menor reto, saltamos en los brazos de otros dioses: placer, status, zona de confort, poder, dinero, aceptación, y hasta el "qué dirán". Pero escrito está:

"No tendrás dioses ajenos delante de mí."

Éxodo 20:3

Oración: Hoy renuncio a la idolatría y me enfoco solo en Ti Señor. Hoy comprendo cuanto te duele que apartados de Ti le demos gloria a otros, en detrimento de nosotros mismos. Hoy escojo la vida y la bendición que vienen solo a través de Cristo, para que vivamos plenamente yo, mi familia y toda mi descendencia.

Señor Jesús, te ruego que entres ahora a mi alma
Yo creo en mi corazón que en la Cruz llevaste todos mis pecados
Yo confieso con mi boca que Tú eres el Hijo de Dios, y que Dios te
levantó de entre los muertos
Ven, te lo ruego, quiero que seas el Señor de mi vida

Yo renuncio a todo pacto con el enemigo hecho por mí,
por mis padres, mis abuelos y todos mis ancestros hasta la cuarta
generación junto a mis tíos y tías, primos y primas

Yo renuncio y me arrepiento de mi idolatría, de toda participación
en el ocultismo y de toda palabra corrompida que he pronunciado
en algún momento de mi vida

Yo hoy recibo por Tu Gracia el único pacto con Tu sangre en la
Cruz del Calvario y según está escrito: en este momento paso de la
potestad de las tinieblas a la Luz de Cristo

Hoy recibo salvación por tu sacrificio, sanidad por tus llagas,
prosperidad porque llevaste mi pobreza y bendición porque te
hiciste maldito por mí

Gracias porque Tu Palabra dice que Tú nunca dejarás
afuera el que viene a ti . . . ¡Amen!